Y GEIRIAU LLETCHWITH

Y GEIRIAU LLETCHWITH

A Check-list of Irregular Words and Spelling

D. Geraint Lewis

Gomer

Argraffiad cyntaf – 1997
Ail argraffiad – 2000
Trydydd argraffiad – 2009

ISBN 978 1 85902 404 1

Argraffwyd gan
Wasg Gomer, Llandysul, Ceredigion

RHAGAIR

Geiriau 'lletchwith' y llyfr bach yma yw'r geiriau hynny lle y mae rhywbeth gwahanol i'r arfer yn digwydd wrth ysgrifennu'r gair—dwy 'n', acen, cysylltnod, ac unrhyw newid i fôn gair wrth lunio lluosog y gair hwnnw.

Gan fod y llyfryn wedi'i anelu at ysgrifenwyr yr iaith, cynhwysir nodiadau ar unrhyw ddefnydd arbennig o'r gair, pa dreiglad mae'n ei achosi a sut i'w gymharu os ydyw'n ansoddair, neu ei redeg os yw'n ferfenw. Pwrpas y geiriau Saesneg yw cadarnhau eich bod yn edrych ar y gair y buoch chi'n chwilio amdano.

Rwyf wedi cynnwys hefyd nifer o ffurfiau llenyddol iawn—'deinosoriaid' yn ôl un cyfaill (pethau fel 'egyr'; 'sech'; 'eteil' ac ati)—nid er mwyn i bobl gael eu defnyddio, ond oherwydd nid oes ffynhonnell rwydd iawn i gael gwybod ystyr y rhain (ac eithrio *Geiriadur Gomer i'r Ifanc*!).

Wrth ddarllen llawer o farddoniaeth gyfoes, deuthum ar draws casgliad o eiriau sydd bron yn gyfyngedig erbyn hyn i farddoniaeth—hen eiriau, neu eiriau o'r byd amaethyddol—a phenderfynais gynnwys y rhai amlycaf o'r rhain hefyd.

Y 'Beibl' yn y maes hwn yw'r gyfrol *Orgraff yr Iaith Gymraeg Rhan II Geirfa* a olygwyd gan Ceri W. Lewis, a'r hyn yr wyf i wedi ceisio'i wneud yw adeiladu ar sail y gyfrol honno gan gynnwys y pethau hynny a ddysgais wrth lunio *Geiriadur Gomer i'r Ifanc*, *Y Treigladur* a *Y Llyfr Berfau*.

Yr hyn a ysgogodd y syniad o lyfr bach y gellid ei stwffio'n rhwydd i ddesg neu boced oedd sgwrs gyda chyfeillion yn Adran Gyfrifiadurol Dyfed gynt a'u sylwadau ar y defnydd yr oeddynt hwy yn ei wneud o eiriadur.

Mae fy nyled yn fawr unwaith eto i Adran Ddylunio'r Cyngor Llyfrau a luniodd ddiwyg y dudalen fel bod modd imi weithio arno gartref.

Gofynnais i gyfeillion rwy'n parchu eu barn am eu sylwadau ar y ddarpar gyfrol—felly i Glenys Howells, Eleri Huws, Rhys Huws, Dewi Morris Jones, Philip Wyn Jones, a Glenys Roberts diolch eto am gymwynas arall.

Ac yn olaf, diolch i Dr Dyfed Elis-Gruffydd a Gwasg Gomer am ofal ac amynedd rwyf mewn perygl o'u cymryd yn ganiataol.

D. Geraint Lewis
Llangwyryfon 1996

A

a *that, which* Mae'n achosi
Treiglad Meddal: *Y dyn a welais.*

a dechrau cwestiwn. Mae'n achosi
Treiglad Meddal: *A welaist ti'r
dyn?*

a : ac *and byth* **a** *hefyd*; *llun* **ac**
iaith; **ac** *eithrio* Mewn
ymadroddion yn cynnwys
arddodiad sy'n awgrymu
meddiant, defnyddiwch *a/ac* nid
â/ag, ac eithrio ar ôl 'bod' e.e. *y
tŷ* **a** *chanddo ddrws coch*; *tlws*
ac *arian drosto*; *ond y tŷ* **sydd â**
drws coch ganddo; *tlws* **sydd
ag** *arian drosto.* Mae'n achosi
Treiglad Llaes: *ci a chath.*

â : ag *with gorchuddir y pen* **ag** *iâ.*
Mae'n achosi Treiglad Llaes:
Torrodd ei fys **â** *chyllell.*
Defnyddiwch **â** i ddynodi
offeryn, *torri* **â** *chyllell,* a **gyda** i
ddynodi cwmni, *mynd gyda
John.* Am *'llyfr a chanddo
glawr'*; *'llyfr sydd â chlawr iddo'*,
gw. **a : ac**

â : ag Mae'n cael ei ddefnyddio ar
ôl 'mor' a 'cyn' *as cyn syched* **ag**
iâ. Mae'n achosi Treiglad Llaes:
mor ysgafn **â** *phluen.*

â o **mynd**

abatai mwy nag un **abaty** *hwn*
abbey

aberth *hwn* neu *hon* (ebyrth)
sacrifice

aberthged *hon* tusw o flodau yn
seremonïau'r Orsedd

absennol *absent*

absenoldeb *hwn* **absence**

abwyd *hwn* (abwydod) *bait*

abwydyn *hwn* (abwydod) **worm**

academi *hon* (academïau)
academy

acen *hon* (acennau: acenion)
accent

acennu *to accentuate* acennaf;
acenasom; acennon ni

achles *hwn* neu *hon* **manure**

adain *hon* (adenydd) **wing**

ad-daliad *repayment*

ad-drefnu *to reorganise*

adeiladu *to build* Ystyriwch
ddefnyddio **codi**

adennill *to regain* adenillaf;
adennill ef/hi

adenydd gw. **adain**

adfer *to restore* edfryd ef/hi

adlais *hwn* (adleisiau) *echo*

adlen *hon* (adlenni) *awning*

adnabod *to know* adwaen i;
adnabyddaf; adnabûm. Yr ydych
yn **gwybod** pethau'n wrthrychol,
ond yn **adnabod** yn oddrychol.

adnebydd o **adnabod**

adnodd *hwn* (adnoddau) *a
resource*

adran *hon* (adrannau) *department*

adref i gyfeiriad eich cartref;
gartref = at home

adrodd *to recite* edrydd ef/hi

adwaen o **adnabod**

adwaith *hwn* (adweithiau) *reaction*

adweinir/adweinid neu adwaenir/
adwaenid ffurfiau amhersonol o
adnabod

addaw(af) o **addo**

addef *to admit* eddyf ef/hi

addew(ais) o **addo**
addo *to promise* addawaf;
   addewi; addewais
addod *hwn* **treasure**
   wy addod *(china)* **nest-egg**
addwyn *fine*
addysgu *to teach* gan fod 'dysgu'
   = 'to teach' a 'to learn',
   defnyddiwch **addysgu** = 'to
   teach' yn unig.
aeddfed *mature* aeddfeted;
   aeddfetach; aeddfetaf
AEM Arolygwyr Ei Mawrhydi *HMI*
aer-dynn *airtight*
aeth o **mynd**
aethpwyd ffurf amhersonol o
   mynd
aethus *poignant*
af o **mynd**
afallen *hon* (afallennau) *apple*
   tree
aflêr *untidy*
aflunio *to distort* aflunni di;
   aflunnir etc.
aflwyddiannus *unsuccessful*
aflwyddiant *hwn* (aflwyddiannau)
   misfortune
afon *hon* (afonydd) Ac eithrio
   'Y Fenai' ac 'Yr Iorddonen',
   ni ddylid defnyddio 'y' o flaen
   enw afon mewn Cymraeg
   llenyddol.
afradu *to waste* afradaf; afredir;
   afredais etc.
afrlladen *hon* (afrlladennau) *wafer*
   (in a Mass)
ag gw. **â : ag**
agen *hon* (agennau) *gap*
agor *to open* egyr ef/hi
agos *near* nesed; nes; nesaf; agos
   'at' berson, agos 'i' le

agosáu *to draw near* agosâf;
   agosâ ef/hi; agosânt; agoseir;
   agosâi; agoseais; agosasom
angau *hwn* **death** angheuol
angel *hwn* (angylion : engyl) *angel*
angen *hwn* (anghenion) *need*
angenfilod gw. **anghenfil**
angenrheidiau gw. **anghenraid**
angenrheidiol *necessary*
anghenfil *hwn* (angenfilod)
   monster
anghenion gw. **angen**
anghenraid *hwn* (angenrheidiau)
   necessity
anghenus *needy*
angheuol *fatal*
anghredadwy *incredible*
anghyfannedd *uninhabited* ond
   anghyfanheddle
anghymharol *incomparable*
anghymharus *ill-matched*
anghymwys *unsuitable* ond
   anghymhwyster *hwn*
   (anghymwysterau)
anghynnes 1. *odious* 2. *cold*
   ond **anghynhesrwydd** *hwn*
anghysbell *remote*
anghytûn *at odds*
angorfa *hon* (angorfeydd)
   anchorage
angylion gw. **angel**
âi o **mynd**
aidd *hon* *ardour*
aiff o **mynd**
ail *second* eilfed Mae'n achosi
   Treiglad Meddal: *ail fab*; *ail ferch.*
ail isradd *hwn* **square root**
ailennyn *to rekindle* ailenynnaf;
   ailennyn ef/hi; ailenynasom;
   ailenynnon ni etc.
ail-law *second-hand*

ais gw. **asen**

ait o **mynd**

alaeth *hwn* **sorrow**

alarch *hwn* (elyrch) **swan**

alaru *to have a surfeit of* alaraf;
alerir; alerais etc.

alcali *hwn* (alcalïau) **alkali**

alegori *hon* (alegorïau) **allegory**

alinio *to align* aliniaf; alinni; alinnir
etc.

allanfa *hon* (allanfeydd) **exit**

allt : gallt *hon* (elltydd) **slope
(wooded)**

am amdanaf i; amdanat ti; amdano
ef; amdani hi; amdanom ni;
amdanoch chi; amdanynt hwy
(amdanyn nhw). Mae'n achosi
Treiglad Meddal: *am ddau o'r
gloch.*

amaethdai mwy nag un **amaethdy**
hwn **farmhouse**

amarch *hwn* **disrespect** ond
amharchu

amau *to doubt* amheuaf; amau
ef/hi; ameuasom; amheuon ni

ambarél *hwn* **umbrella**

ambell *some* Mae 'ambell' yn dod
o flaen enw ac yn achosi
Treiglad Meddal: *ambell waith.*

ambiwlans *hwn* **ambulance**

amcanu *to estimate* amcanaf;
amcenir; amcenais

amdan(af) *gw.* **am**

amdo *hwn* (amdoeau) **shroud**

amddifadu *to deprive* amddifadaf;
amddifedir; amddifedais

amddiffyn *to defend*
amddiffynnaf; amddiffyn ef/hi;
amddiffynasom; amddiffynnon ni

amddiffynfa *hon* (amddiffynfeydd)
fortress

amddiffynnol *defensive*

amddiffynnwr *hwn* (amddiffynwyr)
defender

amgae(af) o **amgáu**

amgaeedig *enclosed* Does dim
angen yr acen (ë) uchlaw'r ail
'e'.

amgáu *to enclose* amgaeaf

amgueddfeydd mwy nag un
amgueddfa *hon* **museum**

amharchu *to dishonour*
amharchais; amarchasom;
amharchon ni

amharu *to spoil* amharaf; amherir;
amherais; amarasom; amharon
ni

amhêr *bitter*

amheu(af) o **amau**

amheuthun *rare*

amhur *impure* amhured;
amhurach; amhuraf

aml *often* amled; amlach; amlaf
Pan ddaw o flaen gair mae'n
achosi Treiglad Meddal:
amlbwrpas; amleiriog.

amlennau : amlenni mwy nag un
amlen *hon* **envelope**

amlhau *to increase* amlhaf;
amlhânt hwy; amlhâi ef/hi;
amlheir; amlheais etc.

amlosgfeydd mwy nag un
amlosgfa *hon* **crematorium**

amlwg *obvious* amlyced;
amlycach; amlycaf

amnaid *hon* (amneidiau) **nod**

amrannau mwy nag un **amrant**
hwn **eyelid**

amryfal *various* Mae'n arfer
digwydd o flaen enw (lluosog fel
arfer) ac yn achosi Treiglad
Meddal: *amryfal eiriau.*

9

amryw *various* Pan ddaw o flaen
enw (lluosog fel arfer) mae'n
achosi Treiglad Meddal: *amryw
resymau.*

  amryw byd (heb dreiglo)
amserlenni mwy nag un **amserlen**
  hon **timetable**
anawsterau gw. **anhawster**
aneiri : aneirod gw. **anner**
anelau : anelion gw. **annel**
anerch(af) gw. **annerch**
anfanteision mwy nag un
  anfantais *hon* **disadvantage**
anfon *to send* enfyn ef/hi
  Yr ydych yn anfon 'at' berson ac
  'i' le.
anffasiynol *unfashionable*
anffodion mwy nag un **anffawd**
  hon **misfortune**
anffyddwyr mwy nag un
  anffyddiwr *hwn* **atheist**
anh- edrychwch hefyd dan **annh-**
anhawsed : anhawsaf mor **anodd:**
  mwyaf **anodd**
anhawster *hwn* (anawsterau)
  difficulty
anheddau gw. **annedd**
anhraethol *unutterable* Gall ddod
  o flaen gair ac achosi Treiglad
  Meddal: *anhraethol well.*
anhrefn *hwn* **anarchy**
anhrugarog *merciless*
anhrwyddedig *uncertified*
anhymig ysgrifennwch **annhymig**
anhysbell ysgrifennwch **anghysbell**
anifeiliaid mwy nag un **anifail** *hwn*
  animal
annaearol *eerie*
annarllenadwy *illegible*
annatodadwy *inextricable*
annaturiol *unnatural*

annealladwy *incomprehensible*
annedwydd *discontented*
annedd *hwn* neu *hon* (anheddau)
  dwelling
annel *hwn* neu *hon* (anelau) **aim**
annelwig *vague*
anner *hon* (aneiri : aneirod) **heifer**
annerbyniol *unacceptable*
annerch *to address (speak)*
  anerchaf; annerch ef/hi;
  anerchais
annhebyg *unlike* annhebycach;
  annhebycaf
annhebygol *unlikely*
annheg *unfair* annheced;
  annhecach; annhecaf
annhegwch *hwn* **unfairness**
annheilwng *unworthy*
  annheilynged; annheilyngach;
  annheilyngaf
annherfynol *infinite*
annheyrngar *disloyal*
annhymig *premature*
anniben *untidy*
annibendod *hwn* **untidyness**
annibyniaeth *hon* **independence**
annibynnol *independent*
Annibynnwr *hwn* (Annibynwyr)
  Congregationalist
annichon *impossible*
anniddig *irritable* anniddiced;
  anniddicach; anniddicaf
anniddigrwydd *hwn* **irritability**
anniddorol *uninteresting*
anniddos *unsheltered*
annifyr *disagreeable* annifyrred;
  annifyrrach; annifyrraf
anniffoddadwy *inextinguishable*
annigonol *inadequate*
annileadwy *indelible*
annilys *invalid*

annillyn *ugly*
annioddefol *unbearable*
anniolchgar *ungrateful*
annirnadwy *incomprehensible*
annisgwyl *unexpected*
anniwair *unfaithful* anniweired; anniweirach; anniweiraf
anniwall *insatiable*
annoeth *unwise* annoethach; annoethaf
annog : annos *to urge* anogaf; annog ef/hi; anogais
annuwiol *ungodly* annuwiolion
annwfn : annwn *hwn* gwlad y Tylwyth Teg
annwyd *hwn* (anwydau) *a cold*
annwyl
   1. o flaen gair *dear* Mae'n achosi Treiglad Meddal o flaen enw ond nid o flaen enw priod: *annwyl ddarllenydd* ond *Annwyl Dafydd.*
   2. ar ôl gair *beloved Dafydd annwyl* anwyled; anwylach; anwylaf; anwyliaid
annymunol *unpleasant*
annynol *inhuman*
annysgedig *unlettered* annysgediced; annysgedicach; annysgedicaf
anodd *difficult* anhawsed; anos; anhawsaf
anosaf o **annos**
anrh- edrychwch, rhag ofn, dan **anhr-**
anrhaith *hon* (anrheithiau) *destruction; booty*
ansawdd *hwn* (ansoddau) *quality*
ansefydlog *unsettled* ansefydloced; ansefydlocach; ansefydlocaf

ansoddair *hwn* (ansoddeiriau) *adjective*
ansoddau gw. **ansawdd**
ânt o **mynd**
anufudd-dod *hwn disobedience*
anufuddhau *to disobey* anufuddhaf; anufuddhânt; anufuddhâi; anufuddheir; anufuddheais; anufuddasom etc.
anwastad *uneven* anwastated; anwastatach; anwastataf
anweledig *invisible* anweledicaf
anwydau gw. **annwyd**
anwyled : anwylach : anwylaf gw. **annwyl**
anwylyn *hwn* (anwyliaid) un bach annwyl
apêl *hwn* neu *hon* (apelau : apeliau) *appeal*
ar arnaf fi; arnat ti; arno ef; arni hi; arnom ni; arnoch chi; arnynt hwy (arnyn nhw) Mae'n achosi Treiglad Meddal: *baglodd ar garreg,* ac 'h' o flaen **ugain**, *un ar hugain.*
âr *hwn tilth*
aradr *hwn* neu *hon* (erydr) *plough*
aradwr *hwn* (aradwyr) *ploughman*
araith *hon* (areithiau) *a speech*
arall (eraill) *other*
araul *sunny*
arbennig *special* arbeniced; arbenicach; arbenicaf
arbrawf *hwn* (arbrofion) *experiment*
arch *hon* (eirch) **1.** *coffin* **2.** *ark*
arch(af) o **erchi**
ardd(af) o **aredig**
arddangosfa *hon* (arddangosfeydd) *exhibition*

ardderchog *excellent*
ardderchoced; ardderchocach; ardderchocaf

arddodiad *hwn* (arddodiaid) *preposition*

ar-ddweud *to dictate* arddywedaf; arddywed ef/hi

arddwr *hwn* (arddwyr) *ploughman*

arddwrn : garddwrn *hwn* (arddyrnau : garddyrnau) *wrist*

aredig *to plough* arddaf; ardd ef/hi; erddir; erddais

areithiau gw. **araith**

aren *hon* (arennau) *kidney*

arfau gw. **1. arf; 2. erfyn**

arfbais *hon* (arfbeisiau) *coat of arms*

argel *hidden*

argraffu *to print* argraffaf; argreffir; argreffais

argraffwr *hwn* (argraffwyr) *printer* (person neu gwmni)

argraffydd *hwn* (argraffyddion) *printer* (peiriant argraffu)

argyfwng *hwn* (argyfyngau) *emergency*

argymell *to recommend* argymhellaf; argymellasom

arhos(af) o **aros**

arhosfan *hwn* neu *hon* (arosfannau) *lay-by*

arhosiad *hwn* (arosiadau) *a stay*

ariannaid *silver* h.y. wedi'i wneud o arian neu ac arian drosto

ariannaidd *silvery* o liw arian

ariannog *wealthy*

ariannu *to fund* ariannaf; ariennir; ariennais; arianasom

arlais *hon* (arleisiau) *temple (head)*

arlunio *to paint* arluniaf; arlunnir

arlunydd *hwn* (arlunwyr) *artist*

arn(af) gw. **ar**

arolwg *hwn* (arolygon) *survey*

aros *to wait* arhosaf; erys/ery ef/hi; arhosais; arosasom

arosfannau gw. **arhosfan**

arosiadau gw. **arhosiad**

arsyllfa *hon* (arsyllfeydd) *observatory*

artaith *hwn* neu *hon* (arteithiau) *torture*

artist *hwn* (artistiaid) *artist*

arth *hwn* neu *hon* (eirth) *bear*

arwain *to lead* arweiniaf; arwain ef/hi

arwerthiant *hwn* (arwerthiannau) *auction*

arwr *hwn (arwyr) hero*

arwyddair *hwn* (arwyddeiriau) *motto*

arwyddocâd *hwn significance*

arwyddocáu *to signify* arwyddocâf; arwyddocâ ef/hi

arwyr gw. **arwr**

AS *MP*

asen[1] *hon* (asennau : ais : eis) *rib*

asen[2] *hon* (asennod) *she ass*

asgell *hon* (esgyll) *wing*

asgellwr *hwn* (asgellwyr) *winger*

asgwrn *hwn* (esgyrn) *bone*

asiant *hwn* (asiantiaid) *agent*

astell *hon* (estyll) *plank*

aswy *hon left hand side*

asyn *hwn* (asynnod) *ass*

at ataf i; atat ti; ato ef; ati hi; atom ni; atoch chi; atynt hwy (atyn nhw). Yr ydych yn mynd 'at' berson ond 'i' le. Mae'n achosi Treiglad Meddal: *Rwy'n mynd at rieni John am y nos.*

atal *to restrain* ataliaf; eteil/etyl ef/hi; atelir; ateliais

ateb *to answer* etyb ef/hi

ateli(ais) o atal

atodyn *hwn* (atodion) *attachment*

atolwg *prithee!*

atomfa *hon* (atomfeydd) *nuclear power station*

atsain *hon* (atseiniau) *echo*

atynfa *hon* (atynfeydd) *attraction*

athro *hwn* (athrawon) *teacher*

athrofa *hon* (athrofâu) *college*

athronydd *hwn* (athronwyr) *philosopher*

aur *hwn gold* euraid; euro

awgrym *hwn* (awgrymiadau) *suggestion*

awn o mynd

awr *hon* (oriau) *hour*

awyren *hon* (awyrennau) *aeroplane*

awyrendy *hwn* (awyrendai) *hangar*

ayb : ayyb *etc.*

B

babïaidd *childish*

babŵn *hwn* (babwnod) *baboon*

bacas *hon* gw. **bacsau**

bacsau *leg warmers*; *fetlocks*

bach *small*; *dear (loved)* lleied, mor fach; llai; lleiaf. Yn y Gogledd nid yw'n cael ei dreiglo bob tro ar ôl enw benywaidd, yn arbennig pan olyga 'annwyl' **bychan.**

bachgen *hwn* (bechgyn) *boy*

bachgennaidd *boyish*

bachgennyn *young boy*

bai[1] *hwn* (beiau) *fault*

bai[2] o bod *Oni bai am John byddwn wedi boddi.*

baich *hwn* (beichiau) *burden*

baidd o beiddio

balaon gw. **bele**

balch *proud* balched; balchach; balchaf; beilch; beilchion

bale : ballet *hwn ballet*

balŵn *hwn* neu *hon* (balwnau) *balloon*

bambŵ *hwn bamboo*

ban *hwn* neu *hon* (bannau) *peak*

banadl *hyn broom (flowers)*

banhadlen *hon* gw. **banadl**

banjô *hwn banjo*

bannau gw. **ban**

bannod *hon the definite article (y)*

bannog *horned*

bar *hwn* (barrau) *bar*

bâr *hwn anger*; *greed*

barcud *hwn* (barcutiaid) *kite*

bardd *hwn* (beirdd) *poet*

bargen *hon* (bargeinion) *bargain*

barlys *hyn barley*

barlysen *hon* gw. **barlys**

barlysyn *hwn* gw. **barlys**

barnu *to judge* barnaf; bernir; bernais

barrau gw. **bar**

Barri ysgrifennwch **Y Barri**

barrug *hwn hoar-frost*

barugog *frosted*

barwn *hwn* (barwniaid : baryniaid) *baron*

bas *shallow* based; basach; basaf

basâr *hwn* (basarau : basârs) *bazaar*

basgedaid *hon* (basgedeidiau)
basketful

basnaid *hwn* neu *hon* (basneidiau)
basinful

baswˆn *hwn* (baswnau) *bassoon*

bataliwn *hwn* neu *hon* (batyliynau)
battalion

batri *hwn* (batrïau) *battery*

bath[1] **: bàth** *hwn* neu *hon* **bath**

bath[2] *minted* arian bath

bathodyn *hwn* (bathodynnau)
badge

bawd *hwn* (bodiau) *thumb*

bawdd o **boddi**

bechan ffurf fenywaidd **bychan**
coeden fechan

bechgyn gw. **bachgen**

beddargraff *hwn*
(beddargraffiadau) *epitaph*

beiau gw. **bai**

beichiau gw. **baich**

beiddio *to dare* baidd ef/hi

beilchion : beilch ffurf luosog
balch

beili[1] *hwn* (beilïau) *bailey*

beili[2] *hwn* (beilïaid) *bailiff*

beirdd gw. **bardd**

beirniad *hwn* (beirniaid) *critic*

beirniadu *to criticise* beirniadaf;
beirniedir; beirniedais

bele *hwn* (balaon : beleod) *pine*
marten

bendigedig *blessed* bendiced

benthyg[1] *to lend*
benthycaf/benthyciaf

benthyg[2] *hwn* (benthycion) *a loan*

ber ffurf fenywaidd **byr** *gwraig fer*

berdasen *hon* (berdys) *shrimp*

berdys gw. **berdasen; berdysyn**

berdysyn *hwn* (berdys) *shrimp*

berfa *hon* (berfâu) *wheelbarrow*

berfâid *hon* (berfeidiau) *barrowful*

bern(ais) o. **barnu**

beryn *hwn* (berynnau) *bearing*

beth *what* Mae'n gallu cael ei
ddilyn gan Dreiglad Meddal:
Gofynnwch iddo beth
ddigwyddodd (h.y. beth **a**
ddigwyddodd).

beudy *hwn* (beudái) *cowshed*

beunyddiol *daily* bob dydd *bara*
beunyddiol dyddiol

bid o **bod** *bid ben bid bont 'let*
he/she who would be'

biliwn *hwn* (biliynau) *billion*
y duedd yw peidio â'i dreiglo rhag
cymysgu â 'miliwn' *dau biliwn*

bilwg *hwn* (bilygau) *billhook*

bisgïen *hon* (bisgedi) *biscuit*

biwrô *hwn* neu *hon* *bureau*

biwrocrat *hwn* (biwrocratiaid)
bureaucrat

blacmêl *hwn* *blackmail*

blaen *front* blaenaf 'foremost'

blaendal *hwn* (blaendaliadau)
deposit

blaenddant *hwn* (blaenddannedd)
incisor

blaenor *hwn* (blaenoriaid) *deacon*

blaguryn *hwn* (blagur) *shoot*
(bud)

blaidd *hwn* (bleiddiaid) *wolf*

blasus *tasty* blasused; blasusach;
blasusaf

bleiddast : bleiddiast *hon*
(bleidd(i)eist) *she-wolf*

bleiddiaid gw. **blaidd**

blêr *untidy* blered; blerach; bleraf

blewyn *hwn* (blew) *hair*

blin *cross* blined; blinach; blinaf

blith draphlith *topsy turvy*

blodau gw. **blodyn : blodeuyn**

blodfresychen *hon* (blodfresych)
  cauliflower
blodyn : blodeuyn *hwn* (blodau)
  flower
blong ffurf fenywaidd **blwng**
blwch *hwn* (blychau) *box*
blwng *surly* blong
blwydd *hon* *year old* Mae'n
  treiglo'n drwynol ar ôl *pum*;
  saith; *wyth*; *naw*; *deng*;
  deuddeng; *pymtheng*; *deunaw*;
  ugain; *can* ac *un* mewn rhifau
  cyfansawdd *pum mlwydd* ond
  chwe blwydd; *un mlwydd ar
  hugain*; *un ar hugain mlwydd
  oed*
blwydd-dal *hwn* *annuity*
blwyddyn *hon* (blynedd :
  blynyddoedd) *year*
blychaid *hwn* (blycheidiau) *boxful*
blychau gw. **blwch**
blynedd *hyn* *years* ffurf sy'n cael
  ei defnyddio ar ôl rhif. Mae'n
  treiglo'n drwynol ar ôl *pum*;
  saith; *wyth*; *naw*; *deng*;
  deuddeng; *pymtheng*; *deunaw*;
  ugain; *can* ac *un* mewn rhifau
  cyfansawdd *pum mlynedd* ond
  chwe blynedd; *un mlynedd ar
  hugain*. Mae ansoddair sy'n
  dilyn *dwy flynedd* yn treiglo'n
  feddal, nid felly ar ôl unrhyw rif
  aral, e.e. *dwy flynedd flaenorol*;
  tair blynedd blaenorol.
blys *craving*
Bnr *Mr*
Bns *Mrs, Miss, Ms*
bo : byddo o **bod** *Tra bo dŵr y
  môr yn hallt.*
bocsaid *hwn* (bocseidi :
  bocseidiau) *boxful*

bod *to be*

Presennol		Dyfodol	
wyf	ydym : ŷm	byddaf	byddwn
wyt	ydych : ych	byddi	byddwch
mae:yw:oes	ydynt :maent	bydd	byddant
ydys		byddir	

Amherffaith		Amherffaith Arferiadol	
oeddwn	oeddem	byddwn	byddem
oeddet	oeddech	byddit	byddech
oedd	oeddynt	byddai	byddent
oeddid		byddid	

Gorffennol		Amodol	
bûm	buom	buaswn	buasem
buost	buoch	buasit	buasech
bu	buont	buasai	buasent
buwyd		buasid	

Dibynnol Presennol		Dibynnol Amherffaith	
bwyf	bôm : byddom	bawn	baem
byddych	boch : byddoch	bait	baech
bo : byddo	bônt : byddont	bai	baent
bydder		byddid : bid	

Gorchmynnol	
-	byddwn
bydd	byddwch
bydded : boed : bid	byddent

Mae 'bod' yn gallu treiglo'n feddal pan
olyga '*that*'. Y gwir yw fod Dafydd yn sâl.
Maen nhw'n dweud fod popeth yn iawn.

bodan *hon* *girl*
bodiad *hwn* *pinch*
bodiau gw. **bawd**
boddhau *to satisfy* boddhânt;
  boddhâi
boddi *to drown* bawdd ef/hi
boed o **bod** *Boed dy ddyddiau yn
  ddedwydd.*
bogail *hwn* neu *hon* (bogeiliau)
  navel
bolgi *hwn* (bolgwn) *glutton*
bolgodogion *marsupials*
boliaid *hwn* (bolieidiau) *bellyful*
bollt *hon* (byllt : bolltau) *bolt*

bôm o **bod**

bôn *hwn* (bonion) *base*

**boneddiced : boneddicach :
boneddicaf** gw. **bonheddig**

boneddigaidd *polite*

boneddigeiddrwydd *hwn
courtesy*

boneddigion gw. **bonheddwr**

bonheddig *courteous*
boneddiced; boneddicach;
boneddicaf

bonheddwr *hwn* (boneddigion)
gentleman

bônt o **bod**

bonyn *hwn* (bonion) *stub*

bordaid *hon* (bordeidiau) *tableful*

bore[1] *hwn* (boreau : boreuau)
morning

bore[2] *early* boreued; boreuach;
boreuaf

botanegydd *hwn* (botanegwyr)
botanist

botasen : botysen *hon* (botas :
botias : botys) *wellington boot*

botwm : botwn : bwtwm : bwtwn
hwn (botymau : botynau)

bowlen *hon* (bowlenni) *bowl*

bowlennaid *hon* (bowleneidiau)
bowlful

braenar *hwn* *fallow land*

braenaru *to fallow* braenaraf;
braenerir; braenerais

braf *ample*; *fine* brafied; brafiach
brafiaf. Nid yw 'braf' yn cael ei
dreiglo: *mae hi'n braf, coeden
braf.*

bragu *to brew* bregir

braich *hon* (breichiau) *arm*

brain gw. **brân**

braint *hon* (breiniau : breintiau)
privilege

braith ffurf fenywaidd ar **brith**
siaced fraith *coat of many
colours*

brân *hon* (brain) *crow*

bras *coarse*; *fat*; *general* brased;
brasach; brasaf; breision

braslunio *to sketch* brasluniaf;
braslunnir

brathu *to bite* brathaf; brethir;
brethais

brau *brittle* breued; breuach;
breuaf

brawd[1] *hwn* (brodyr) *brother*

brawd[2] *hon* (brodiau) *judgement*

brêc *hwn* (breciau) *brake*

brech[1] *hon* (brechau) *pox*

brech[2] ffurf fenywaidd ar **brych**
caseg frech

bref *hon* (brefiadau) *a bleat*

bregedd *hwn* neu *hon* *frailty*

breichiau gw. **braich**

breiniau : breintiau gw. **braint**

breision ffurf luosog **bras**
llythrennau breision

brenhines *hon* (breninesau)
queen

brenhiniaeth *hon* (breniniaethau)
sovereignty

brenhinoedd gw. **brenin**

brenigen *hon* (brennig) *limpet*

brenin *hwn* (brenhinoedd) *king*

breninesau gw. **brenhines**

breniniaethau gw. **brenhiniaeth**

brennig gw. **brenigen**

bresychen *hon* (bresych)
cabbage

brethyn *hwn* (brethynnau) *cloth*

breued; breuach; breuaf gw.
brau

briallen *hon* (briallu) *primrose*

bricyllen *hon* (bricyll) *apricot*

brigâd *hon* (brigadau) *brigade*

brigyn *hwn* (brigynnau) *twig*

brith 1. o flaen gair *faint*. Mae'n achosi Treiglad Meddal: *brith gof*; *brith gofio*. **2.** ar ôl gair *speckled*: *bara brith* braith; brithed; brithion

bro *hon* (broydd - dim angen 'ö') *region*

brodiau gw. **brawd**[2]

brodyr gw. **brawd**[1]

broga *hwn* (brogaod) *frog, toad*

broliant *hwn* (broliannau) *blurb*

bron[1] *hon* (bronnau) *breast (body)*

bron[2] *hon* (bronnydd) *breast of hill*

bronfraith *hon* (bronfreithiaid : bronfreithod) *thrush*

bront ffurf fenywaidd **brwnt** bronted *ffenestr front*

brwnt *dirty*; *nasty* brynted; bryntach; bryntaf; bront

brwynen *hon* (brwyn) *rush*

brwyniad *hwn* (brwyniaid) *anchovy*

brych *speckled* brech

brycheuyn *hwn* (brychau) *speck*

brynted; bryntach; bryntaf gw. **brwnt**

brysgennad *hon* (brysgenhadon) *courier*

bu o **bod** Mae 'byw'; 'marw' a 'rhaid' yn treiglo'n feddal: *bu fyw.*

buain ffuf luosog **buan** *ar adenydd* buain

bual *hwn* (buail) *buffalo*

buan *swift* buaned; buanach; buanaf. cynted; cynt; cyntaf; buain

buchod gw. **buwch**

budr *filthy* butred; butrach; butraf; budron

buddai *hon* (buddeiau) *churn*

budd-dâl *hwn* (budd-daliadau) *benefit*

buddeiau gw. **buddai**

buddiant *hwn* (buddiannau) *welfare*

bugail *hwn* (bugeiliaid) *shepherd*

bûm o **bod**

bun *hon* *maiden*

bustach *hwn* (bustych) *bullock*

butred; butrach; butraf gw. **budr**

buwch *hon* (buchod) *cow*

bwa *hwn* (bwâu) *bow*

bwcedaid *hwn* neu *hon* (bwcedeidiau) *bucketful*

bwci *hwn* (bwcïod) *bogy*

bwcl *hwn* (byclau) *buckle*

bwch *hwn* (bychod) *buck*

bwdram *hwn* *flummery*

bwi *hwn* (bwïau) *buoy*

bwlb *hwn* (bylbiau) *bulb*

bwlch *hwn* (bylchau) *gap*

bwli *hwn* (bwlïod : bwlïaid) *bully*

bwlyn *hwn* (bwlynnau) *knob*

bwrdd *hwn* (byrddau) *table, board*

bwriadu *to intend* bwriadaf; bwriedir; bwriedais

bwr(iaf) o **bwrw**

bwrlwm *hwn* (byrlymau) *a bubbling*

bwrn *hwn* (byrnau) *burden*

bwrw *to hit* bwriaf

bws : bỳs *hwn* (bysiau : bysys) *bus*

bwtsiasen *hon* (bwtsias : bwtias) *boot*; *wellington*

bwthyn *hwn* (bythynnod) *cottage*

bwyall : bwyell *hon* (bwyeill) *axe*

17

bwyd *hwn* (bwydydd) *food*
bwydlen *hon* (bwydlenni) *menu*
bwyeill gw. **bwyall**
bwyta *to eat* bwytâf; bwyty ef/hi;
  bwytânt; bwyteir; bwyteais
byclau gw. **bwcl**
bychain ffurf luosog **bychan**
  Cofiwch y pethau bychain.
bychan *little* bach; bechan;
  bychain
bychod gw. **bwch**
byd-eang *world-wide*
byd-enwog *world-famous*
bydwraig *hon* (bydwragedd)
  midwife
bydd o **bod**
byddar *deaf* byddared; byddarach;
  byddaraf; byddair
byddaru *to deafen* bydderir
byddo o **bod**
byl *hon* neu *hwn* **brim**
bygwth *to threaten* bygythiaf;
  bygwth ef/hi
bylbiau gw. **bwlb**
bylchau gw. **bwlch**
byllt gw. **bollt**

byngalo : **bynglo** *hwn* **bungalow**
bynnag *(what/where)soever*
bynnen : **bynsen** *hon* (byns) *bun*
byr *short* ber; byrred; byrrach;
  byrraf; byrion
byrddaid *hwn* (byrddeidiau)
  tableful
byrddau gw. **bwrdd**
byrhau *to shorten* byrhaf;
  byrhânt; byrhâi; byrheir;
  byrheais
byrlymau gw. **bwrlwm**
byrnau gw. **bwrn**
byrred; byrrach; byrraf gw. **byr**
bỳs gw. **bws**
bysiau : **bysys** gw. **bws**
bytheiad *hwn* (bytheiaid) *hound*
bythynnod gw. **bwthyn**
bywhau *to enliven* bywhaf;
  bywhânt; bywhâi; bywheir;
  bywheais
bywiocáu *to enliven* bywiocâf;
  bywiocâ; bywioceir; bywioceais
bywydfa *hon* (bywydfeydd)
  vivarium
bywyn *hwn* (bywynnau) *core*

C

C canrif *C15* y bymthegfed ganrif
C Canradd *15°C* pymtheg gradd
  Canradd
c *centi- cm* centimetr
c ceiniog *3c* tair ceiniog
c. *circa* tua *c.1320* tua 1320
cabaetsen : **cabeitsen** :
  cabetsen *hon* (cabaets)
  cabbage
cablu *to blaspheme* cablaf; ceblir;
  ceblais
cacen *hon* (cacennau) *cake*

cacynen *hon* (cacwn) *wasp*
cacynyn *hwn* (cacwn) *wasp*
cachgi *hwn* (cachgwn) *sneak*
cachu *to defecate* cach ef/hi
cadair *hon* (cadeiriau) *chair*
  cadair olwynion nid *cadair
  olwyn*
cadarn *strong* cadarned;
  cadarnach; cadarnaf; cedyrn
cadarnhau *to confirm* cadarnhaf;
  cadarnhânt; cadarnhâi;
  cadarnheir; cadarnheais

cadeiriau gw. **cadair**

cadnawes : **cadnöes** hon *vixen*

cadno hwn (cadnawon : cadnoid) *fox*

cadw *to keep* cadwaf; ceidw ef/hi; cedwir; cedwais

cadw-mi-gei hwn *money-box*

cae[1] hwn (caeau) *field*

cae[2] mae/bydd ef/hi yn **cau**

cae(af) o **cau**

caeedig : **caeëdig** *shut*

cael *to have* caf; cei, caiff; cânt; câi; ceir; cefais; caffo

caenen hon (caenennau) *layer*

caer hon (caerau : ceyrydd) *fort*

caeth *confined* caethion

caethwas hwn (caethweision) *slave*

caf o **cael**

cafell hon *chamber*

caffaeliad hwn (caffaeliaid) *acquisition*

caffo o **cael**

cangell hon (canghellau : canghelloedd) *chancel*

cangen hon (canghennau) *branch*

câi (ef/hi) o **cael**

caib hon (ceibiau) *mattock*

caiff o **cael**

caill hon (ceilliau) *testicle*

cain *fine* ceined; ceinach; ceinaf; ceinion

cainc hon (ceinciau) *branch*

cais[1] hwn (ceisiadau) *(an) attempt*

cais[2] hwn (ceisiau) *try (rugby)*

cais[3] mae/bydd ef/hi yn **ceisio**

calchu *to lime* calchaf; celchir; celchais

caled *hard* caleted; caletach; caletaf; celyd

caledu *to harden* caledaf

calennig hwn neu hon rhoddion Dydd Calan

calon hon (calonnau) *heart*

calonnog *hearty* calonoced; calonocach; calonocaf

calonogol *encouraging*

calori hwn (calorïau) *calorie*

call *sensible* called; callach; callaf

callestr hon (cellystr) *flint*

cam 1. o flaen gair *mis-*; *false* Mae'n achosi Treiglad Meddal: *camdreiglo*. 2. ar ôl gair *crooked* olwyn gam ceimion

camarwain *to mislead* camarweiniaf; camarwain ef/hi

camarweiniol *misleading*

cambren hwn (cambrenni) *coat-hanger*

cam-drin *to ill-treat* camdriniaf; cam-drin ef/hi; camdrinnir

camddeall *to misunderstand* camddeallaf; camddeellir; camddeellais

camera hwn (camerâu) *camera*

camfa hon (camfeydd) *stile*

camfarnu *to misjudge* camfarnaf; camfernir; camfernais

camgymer(af) o **camgymryd**

camgymryd *to mistake*

camlas hon (camlesi) *canal*

campfa hon (campfeydd) *gymnasium*

campreg hon *champion (woman)*

campwaith hwn (campweithiau) *masterpiece*

camsefyll *to be out of position* camsafaf; camsaif ef/hi; camsefir; camsefais

camsynied : **camsynio** : **camsynnu** *to mistake* camsyniaf; camsynnir

camu *to pace* camaf; cemir;
cemais

can(ddo) *tŷ a chanddo ddrws coch*
ffurf ar **gan**

can 100 (o flaen enw) *canpunt,
can diolch.* Mae 'blwydd',
'blynedd' a 'diwrnod' yn treiglo'n
drwynol: *can mlynedd.*

cân *hon* (caneuon) *song*

canawon gw. **cenau**

caneuon gw. **cân**

canfed *hundredth* Mae'n treiglo
ac yn achosi treiglad os yw'n
cyfeirio at rywbeth benywaidd:
y ganfed gyfrol.

canfod *to discern* canfyddaf;
cenfydd; canfûm

cangarŵ *hwn* (cangar ŵod:
cangarwiaid) *kangaroo*

canhwyllarn : canhwyllbren
(canwyllbrennau) *candlestick*

canhwyllau gw. **cannwyll**

caniatâd *hwn permission*

caniataol *granted*

caniatáu *to permit* caniatâf;
caniatâ; caniateir; caniateais

canibal *hwn* (canibaliaid :
canibalyddion) *cannibal*

canmlwyddiant *hwn*
(canmlwyddiannau) *centenary*

cannaid *shining white*

cannoedd gw. **cant**

cannu *to bleach* cannaf; cannir;
cannais; canasom

cannwyll *hon* (canhwyllau)*candle*

cannydd *hwn* (canyddion) *bleach*

canol oed *middle age*

canolfan *hon* neu *hwn*
(canolfannau) *centre*

canol-oed *middle-aged*

canoloesoedd *hyn Middle Ages*

canradd *centigrade*

canran *hon* (canrannau)
percentage

cansen *hon* (cansennau :
cansenni) *cane*

cant[1] **: can** *hwn* (cannoedd)
hundred 'Can' yw'r ffurf arferol
o flaen enw ac mae'n achosi
Treiglad Trwynol yn 'blwydd',
'blynedd' a 'diwrnod': *can
mlwydd oed; cant oed.*

cant[2] hen ffurf ar **canodd** *Taliesin
a'i cant*

cant[3] *hwn rim; dome*

cânt o **cael**

cantîn *hwn canteen*

cantroed *hwn* (cantroediaid)
centipede

canu *to sing* canaf; cenir; cenais

canŵ *hwn* (canŵs) *canoe*

canwriad *hwn* (canwriaid)
centurion

canwyllbrennau gw.
canhwyllbren

canyddion gw. **cannydd**

caplan *hwn* (caplaniaid) *chaplain*

capten *hwn* (capteiniaid) *captain*

car *hwn* (ceir) *car*

câr *hwn* (ceraint) *loved one*

carafán *hwn* (carafannau) *caravan*

carcharor *hwn* (carcharorion)
prisoner

carcharu *to imprison* carcharaf;
carcherir; carcherais

carden *hon* (cardiau) *card*

cardod *hon charity*

cardota *to beg*

cardotyn *hwn* (cardotwyr) *beggar*

caredig *kind* carediced;
caredicach; caredicaf caredigion

caregog *stony* carreg

careiau gw. **carrai**

cariad *lover* Mae ei genedl yn newid yn ôl ai gŵr neu wraig yw'r cariad.

caridým *hwn* (caridýms) *down-and-out*

carlwm *hwn* (carlymod) *stoat*

carn-tro *hwn (carpenter's) brace*

carpiau gw. **cerpyn**

carpiog *tattered*

carrai *hon* (careiau) *a lace*

carreg *hon* (cerrig) *stone*

cart *hwn* (certi : ceirt) *cart*

cartref *hwn* (cartrefi) *home* Yr ydych yn byw 'gartref', ac yn symud i gyfeiriad 'adref'.

cartrisen : cetrisen *hon* (certrys : cetris) *cartridge*

cartŵn *hwn* (cartwnau) *cartoon*

carthen *hon* (carthenni) *blanket*

carthffos *hon* (carthffosydd) *drain*

carthu *to muck out* certhir

caru *to love* caraf; cerir; cerais

carw *hwn* (ceirw) *deer*

cas *nasty* cased; casach; casaf

casáu *to hate* casâf; casâ; caseir; caseais

caseg *hon* (cesig) *mare*

casét *hwn* (casetiau) *cassette*

casgen *hon* (casgenni) *cask*

casglu *to collect* casglaf; casgl ef/hi; cesglir; cesglais

castanwydden *hon* (castanwydd) *horse-chestnut tree*; *chestnut tree*

castell *hwn* (cestyll) *castle*

Castell-nedd *Neath*

Castellnewydd Emlyn *Newcastle Emlyn*

categori *hwn* (categorïau) *category*

caten *hon* (catiau) *bail*

catrawd *hon* (catrodau) *regiment*

cau[1] *to close* caeaf; cae ef/hi; caeais; cau di!

cau[2] *hollow* ceued; ceuach; ceuaf

caul *hwn* (ceulion) *curd, rennet*

cawell *hwn* (cewyll) *basket*

cawiau gw. **cewyn**

cawn[1] gw. **cawnen**

cawn[2] o **cael**

cawnen *hon* (cawn) *reed*

cawr *hwn* (cewri) *giant*

cawsant gw. **cael**

CC Cyn Crist *BC* Daw CC ar ôl y flwyddyn (500 CC) ac oc o flaen y flwyddyn (OC 1995).

ccc cwmni cyhoeddus cyfyngedig *plc*

cedrwydden *hon* (cedrwydd) *cedar*

cedw(ais) gw. **cadw**

cedyrn ffurf luosog **cadarn**

cefais gw. **cael**

cefnder *hwn* (cefndryd : cefnderoedd) *cousin (male)*

cefndeuddwr *hwn* (cefndeuddyrau) *watershed*

cefnen *hon* (cefnennau) *ridge*

cefnffordd *hon* (cefnffyrdd) *highway*

cegaid *hon* (cegeidiau) *mouthful*

cei o **cael**

ceibiau gw. **caib**

ceidw o **cadw**

ceidwad *hwn* (ceidwaid) *keeper*

ceiliog *hwn* (ceiliogod) *cock*

ceilliau gw. **caill**

ceimion ffurf luosog **cam**

ceinach : ceinaf : ceined gw. **cain**

ceinciau gw. **cainc**

ceinder *hwn elegance* cain

ceinion ffurf luosog **cain**
ceir[1] gw. **car**
ceir[2] o **cael**
ceiriosen *hon* (ceirios) *cherry*;
   cherry tree
ceirt gw. **cart**
ceirw gw. **carw**
ceisiadau gw. **cais**[1]
ceisiau gw. **cais**[2]
cêl *hidden* celu
celain *hon* (celanedd) *corpse*
celficyn *hwn* (celfi) (piece of)
   furniture
Celt *hwn* (Celtiaid) *Celt*
celwrn *hwn* (celyrnau) *tub*
celwyddgi *hwn* (celwyddgwn) *liar*
celyd ffurf luosog **caled**
celynnen *hon* (celyn) *holly*
celyrnau gw. **celwrn**
cellwair *hwn* (cellweiriau) *banter*
cellystr gw. **callestr**
cem(ais) o **camu**
cemegyn *hwn* (cemegion)
   chemical
cenadaethau gw. **cenhadaeth**
cen(ais) o **canu**
cenau *hwn* (canawon : cenawon)
   pup
cenedl *hon* (cenhedloedd) *nation*
cenedlaethau gw. **cenhedlaeth**
cenedl-ddyn *hwn* *gentile*
cenfigen *hon* (cenfigennau) *envy*
cenfigennu *to envy* cenfigennaf;
   cenfigennais; cenfigenasom;
   cefigennon ni
cenfigennus *jealous*
cenfydd o **canfod**
cenhadaeth *hon* (cenadaethau)
   mission
cenhadau gw. **cennad**
cenhadon gw. **cenhadwr; cennad**

cenhadu *to conduct a mission*
   cenhadaf; cenhedir; cenhedais;
   cenadasom; cenhadon ni
cenhadwr *hwn* (cenhadon :
   cenhadwyr) *missionary*
cenhedlaeth *hon* (cenedlaethau)
   generation
cenhedloedd gw. **cenedl**
cenhedlu *to beget* cenhedlaf;
   cenedlasom; cenhedlon ni
cenhinen *hon* (cennin) *leek*
cen(ir) o **canu**
cennad *hon* (cenhadon :
   cenhadau) *messenger*;
   message
cennin gw. **cenhinen**
cennog *scaly*
cer[1] o **mynd**
cer[2] *gw.* **ger**
ceraint *gw.* **câr**
cerdinen : cerddinen *hon*
   (cerddin : cerdin) *mountain-ash*
cerdyn *hwn* (cardiau) *card*
cerddor *hwn* (cerddorion)
   musician
cerddorfa *hon* (cerddorfeydd)
   orchestra
cerflunio *to sculpture* cerfluniaf;
   cerflunnir
cerflunydd *hwn* (cerflunwyr)
   sculptor
cerhyntau gw. **cerrynt**
cerigyn *hwn* (cerigos) *pebble*
ceriwb *hwn* (ceriwbiaid) *cherub*
cerpyn *hwn* (carpiau) *rag*
cerrig gw. **carreg**
cerrynt *hwn* (ceryntau : cerhyntau)
certrys gw. **cartrisen**
ceryntau gw. **cerrynt**
cesail *hon* (ceseiliau) *armpit*
cesgl(ir) gw. **casglu**

cesig gw. caseg
cestyll gw. castell
cetyn *hwn* (catiau : cetynnau)
  pipe; *piece*
ceubren *hwn* (ceubrennau)
  hollow tree
ceulan *hon* (ceulannau :
  ceulennydd) *hollow river bank*
ceulion gw. caul
ceunant *hwn* (ceunentydd) *ravine*
cewri gw. cawr
cewyll gw. cawell
cewyn *hwn* (cewynnau : cawiau)
  nappy
ceyrydd gw. caer
ci *hwn* (cŵn) *dog*
ciaidd *a brutal*
cibẃts *hwn* (cibwtsau) *kibbutz*
cigfran *hon* (cigfrain) *raven*
cilan *hon* (cilannau) *cove*
cildwrn : cil-dwrn *hwn tip*
cilddant *hwn* (cilddannedd)
  molar
cilgant *hwn* (cilgannau : cilgantau)
  crescent
cil-gnoi *to chew the cud*
cilwg *hwn* (cilygon) *scowl*
cilydd fel yn **gyda'i gilydd**
  gw. **gilydd**
cimwch *hwn* (cimychiaid)
ciniawa *to dine* ciniawaf; ciniewir;
  ciniewais
cinio *hwn* neu *hon* (ciniawau)
  dinner
ciper *hwn* (ciperiaid) *gamekeeper*
cipolwg *hwn* (cipolygon) *glimpse*
ciwcymber : **cucumer** *hwn*
  (ciwcymerau : cucumerau)
  cucumber
claddfa *hon* (claddfeydd)
  graveyard

claddu *to bury* claddaf; cladd
  ef/hi; cleddir; cleddais
claer *clear*
claerwyn *pallid* claerwynned;
  claerwynnach; claerwynnaf
claf *hwn* (cleifion) *patient*
clai *hwn* (cleiau) *clay*
clais *hwn* (cleisiau) *bruise*
clapgi *hwn* (clapgwn) *tell-tale*
clarinét *hwn* (clarinetau) *clarinet*
clas *hwn* (clasau) *Celtic
  monastry*
clau *cyflym*
clawdd *hwn* (cloddiau) *hedge*
clawr *hwn* (cloriau) *cover*
cleiau gw. clai
cleifion gw. claf
cleisiau gw. clais
clên *pleasant* cleniach; cleniaf
clera mynd ar daith farddoni
cleren *hon* (clêr) *fly*
clir *clear* clir(i)ed; clir(i)ach; clir(i)af
clo *hwn* (cloeon : cloeau) *lock*
cloch *hon* (clychau) *bell*
clochdy *hwn* (clochdai) *belfry*
clodfawr *praiseworthy*
  clodforach; clodforaf
cloddiau gw. clawdd
cloëdig : cloiedig *locked*
cloeon : cloeau gw. clo
clogfaen *hwn* (clogfeini) *boulder*
clogyn *hwn* (clogynnau) *cloak*
cloi *to lock* clof; clo ef/hi; cloir;
  clois; clô ef/hi; clôm; clônt
clopa *hon* (clopâu) *head*
clorian *hwn* neu *hon* (cloriannau)
  scale (weighing)
cloriannu *to weigh* cloriannaf;
  cloriennir; cloriennais;
  clorianasom
cloriau gw. clawr

clòs *close* closed; closach; closaf
clou ffurf lafar **clau** cloued; clouach; clouaf
clown *hwn* (clowniaid)
clustlws : clustdlws *hwn* (clustlysau : clustdlysau) *ear-ring*
clwb *hwn* (clybiau) *club*
clwstwr *hwn* (clystyrau) *cluster*
clwt : clwtyn *hwn* (clytiau) *duster*
clybiau gw. **clwb**
clychau gw. **cloch**
clyd *snug* clyted; clytach; clytaf
clymau gw. **cwlwm**
clymblaid *hon* (clymbleidiau) *coalition*
clystyrau gw. **clwstwr**
clytiau gw. **clwt : clwtyn**
clywed *to hear* clyw ef/hi
cnaif *hwn* (cneifion) *fleece*
cnau gw. **cneuen**
cneifion gw. **cnaif**
cnepyn *hwn* (cnepynnau) *lump*
cneuen *hon* (cnau) *nut*
cnewyllyn *hwn* (cnewyll)
cnoe(swn) o **cnoi**
cnoi *to bite* cnof; cno ef/hi; cnois; cnôdd; cnoeswn; cnôm
cnwd *hwn* (cnydau) *crop*
coblyn *hwn* (coblynnod) *goblin*
cocatŵ *hwn* **cockatoo**
cocsen : cocosen *hon* (cocsenni) *cog*
cocyn *hwn* (cocynnau) *haycock*
coch *red* coched; cochach; cochaf; cochion
cod *hwn* (codau) *code*
coden *hon* (codennau) *pouch*
codi *to lift* cwyd ef/hi
codwm *hwn* (codymau) *a fall*
coeden *hon* (coed) *tree*

coedlan *hon* (coedlannau) *glade*
coeg *false* Mae'n dod o flaen gair ac yn achosi Treiglad Meddal: *coegfeddyg.*
coelbren *hwn* (coelbrennau) *lot, ballot*
coes[1] *hon* (coesau) *leg*
coes[2] *hwn* (coesau) *stem*; *handle*
coeten *hon* (coetiau : coets) *quoit*
coeth *refined* coethed; coethach; coethaf
cofiannydd *hwn* (cofianwyr) *biographer*
cofiant *hwn* (cofiannau) *biography*
coflaid : cowlaid *hon* armful
cofleidio *to embrace*
cofrestrfa *hon* (cofrestrfeydd) *registry*
coffâd *hwn* *recollection*
coffáu *to commemorate* coffâf; coffâ ef/hi; coffeir; coffeais
cog *hon* (cogau) *cuckoo*
cóg *hon* (cogiau) *cog*
coginio *to cook* coginiaf; coginnir
cogor-droi *to spin*
conglfaen *hwn* (conglfeini) *corner-stone*
colfen *hon* (colfenni : colfennau) *branch*
colomen *hon* (colomennod) *dove*; *pigeon*
colomendy *hwn* (colomendai) *dovecot*
coluddyn *hwn* (coluddion) *intestine*
colyn *hwn* (colynnau) *sting*; *hinge*
coll 1. *loss (of senses)* 2. *lost* 3. *lose! (command)*
collen *hon* (cyll) *hazel*
colli *to lose* cyll ef/hi; coll di!

comedi *hon* (comedïau) *comedy*
comedïwr *hwn* (comedïwyr)
comedian
comisiwn *hwn* (comisiynau)
commission
côn *hwn* (conau) *cone*
confennau *hyn* *condements*
coniffer *hwn* (conifferiaid) *conifer*
copa *hwn* neu *hon* (copâu :
copaon) *summit*
copi *hwn* (copïau) *copy*
copïo *to copy* copïaf; copii; copiir;
copïais
cor[1] *hwn* corryn
cor[2] *hwn* corrach
côr *hwn* (corau) *choir*
Côr y Cewri *Stonehenge*
corachod gw. corrach
Corân *hwn* *Koran*
corbenfras *hwn* (corbenfreis)
haddock
corcyn *hwn* (cyrcs : corcau)
a cork
corden *hon* (cordenni) *cord*
cordyn : cortyn *hwn* (cordiau :
cyrd : cyrt) *cord*
corff *hwn* (cyrff) *body*
corffilyn *hwn* (corffilod)
corpuscle
corgi *hwn* (corgwn) *corgi*
corgimwch *hwn* (corgimychiaid)
prawn
corlan *hon* (corlannau) *fold*
corlannu *to pen (sheep)*
corlannaf; corlennir; corlennais;
corlanasom
corn *hwn* (cyrn) *horn*
cornchwiglen *hon* (cornchwiglod)
lapwing
cornel *hwn* neu *hon* (corneli)
cornel

cornicyll *hwn* (cornicyllod)
lapwing
cornwyd *hwn* (cornwydydd) *boil*
corrach : cor *hwn* (corachod)
dwarf
corryn : cor *hwn* (corynnod)
spider
cors *hon* (corsydd : cyrs) *bog*
corsen *hon* (corsennau : cyrs)
reed
corws *hwn* (corysau) *chorus*
corynnod gw. corryn
corysau gw. corws
cosfa *hon* (cosfeydd) *itch*;
thrashing
cosyn *hwn* (cosynnau) *a cheese*
cot[1] : côt *hon* (cotiau) *coat*
cot[2] : coten *hon* *a beating*
cota ffurf fenywaidd cwta *buwch
goch gota*
cotiar *hon* (cotieir) *coot*
cotwm *hwn* (cotymau) *cotton*
crabysyn *hwn* (crabas : crabys)
crab-apples
crachen *hon* (crach) *scab*
crafangu *to claw* crafangaf;
crafengir; crafengais
crafanc *hon* (crafangau) *claw*
crafu *to scratch* craf ef/hi
craff *discerning* craffed; craffach;
craffaf
craffu *to look intently* craffaf;
creffir; creffais
cragen *hon* (cregyn) *shell*
craidd *hwn* (creiddiau) *crux*
craidd disgyrchiant *centre of
gravity*
craig *hon* (creigiau) *rock*
crair *hwn* (creiriau) *relic*
craith *hon* (creithiau) *scar*
cramen *hon* (cramennau) *crust*

cramennog *encrusted*

cramenogion *hyn* **crustaceans**

crand *grand* crandiach; crandiaf

cras 1. *coarse*; **2.** *aired* crased;
crasach; crasaf

crau *hwn* (creuau) *socket*

creadur *hwn* (creaduriaid)
creature

crech ffurf fenywaidd **crych**

credadun *hwn* (credinwyr)
believer

cref ffurf fenywaidd **cryf** *benyw*
gref

crefftwaith *hwn* (crefftweithiau)
craftsmanship

creg ffurf fenywaidd **cryg**

cregyn gw. **cragen**

crehyrod gw. **crëyr**

creiddiau gw. **craidd**

creigiau gw. **craig**

creiriau gw. **crair**

creithiau gw. **craith**

creu *to create* creaf; crëwn;
crëwch; crëir; creais; crëwyd

creuau gw. **crau**

creulon *cruel* creuloned;
creulonach; creulonaf

crëwr *hwn* (crewyr) *creator*

crëyr *hwn* (crehyrod) *heron*

criafolen *hon* (criafol) *rowan tree*

cribinio *to rake* cribiniaf; cribinnir

crin *brittle* crined; crinach; crinaf

crio *to cry* criaf; crii di; criir

crisialu *to crystalise* crisialaf;
crisielir; crisielais

Cristion *hwn* (Cristionogion :
Cristnogion) *Christian*

crïwr *hwn* (criwyr) *crier*

crocbren *hwn* neu *hon*
(crocbrennau : crocbrenni)
gallows

crocodil : crocodeil *hwn*
(crocodiliaid : crocodilod)
crocodile

croch *strident* croched; crochach;
crochaf

crochenydd *hwn* (crochenyddion)
potter

croen *hwn* (crwyn) *skin*

croesair *hwn* (croeseiriau)
crossword

croesawu *to welcome* croesawaf;
croesewir; croesewais

croesbren *hwn* neu *hon*
(croesbrennau) *cross*

croes-ddweud *to contradict*
croes-ddywedaf

croeseiriau gw. **croesair**

croesew(ais) o **croesawu**

croesfan *hon* (croesfannau)
crossing

croesffordd *hon* (croesffyrdd)
junction

crofen : crawen *hon* (crofennau :
crawennau) *rind*

crogiant *hwn* (crogiannau)
suspension

croglofft *hon* (croglofftydd) *attic*

cronglwyd *hon* (cronglwydydd)
roof

crom ffurf fenywaidd **crwm** *acen*
grom

cromen *hon* (cromennau) *dome*

cron ffurf fenywaidd **crwn** *y ford*
gron

cronellau gw. **cronnell**

cronfa *hon* (cronfeydd) *reservoir*;
fund

cronnell *hon* (cronellau) *sphere*

cronni *to amass* cronnaf;
cronnais; cronasom; cronnon ni

crots gw. **crwt**

croyw *pure* croywed; croywach; croywaf; croywon

crwbi *hwn* (crwbïod) *hump*

crwm *curved* crom; crymed; crymach; crymaf

crwn *round* cron; crynned; crynnach; crynnaf; crynion

crwner *hwn* (crwneriaid) *coroner*

crwsâd *hwn* neu *hon* (crwsadau) *crusade*

crwst *hwn* (crystau) *crust*

crwstyn : crystyn *hwn* (crystiau) *crust*

crwt *hwn* (crytiaid : crots : cryts) *lad*

crwth *hwn* (crythau) *crwth*

crwydryn *hwn* (crwydriaid) *wanderer*

crwyn gw. **croen**

crwys *hon* (crwysau) *cross*

crych *wrinkled* crech

cryf *strong* cref; cryfed; cryfach; cryfaf; cryfion

cryfhau *to strengthen* cryfhaf; cryfhânt; cryfhâi; cryfheir; cryfheais; cryfhasom

cryg *hoarse* creg

cryn *quite* Daw 'cryn' o flaen enw gan achosi Treiglad Meddal: *cryn lawenydd.*

crynhoi *to assemble* crynhoaf; crynhoi di; crynhois; crynhôm; crynhônt

crynion ffurf luosog **crwn**

crynned; crynnach; crynnaf gw. **crwn**

cryno-ddisg *hwn* (cryno-ddisgiau) *compact disc*

crystiau gw. **crwst; crwstyn : crystyn**

cryts : crytiaid gw. **crwt**

crythau gw. **crwth**

crythor *hwn* (crythorion) *fiddler*

cuchiau gw. **cuwch**

cudyn *hwn* (cudynnau) *ringlet*

cuddfa *hon* (cuddfâu : cuddfeydd) *hiding-place*

cuddfan *hon* (cuddfannau) *hiding-place*

cul *narrow* culed; culach; culaf; culion

culhau *to narrow* culhaf; culhânt; culhâi; culheir; culheais; culhasom

cun *dear* (annwyl)

curad *hwn* (curadiaid) *curate*

curfa *hon* (curfeydd : curfâu)

cusanu *to kiss* cusanaf; cusenir

cuwch *hwn* (cuchiau) *scowl*

cwar *hwn* (cwarrau) *quarry*

cwb *hwn* (cybiau) *kennel*

cwbl *entire* Mae 'cwbl' yn dod o flaen gair ac yn achosi Treiglad Meddal: *Mae hi'n gwbl ddall.*

cwblhau *to complete* cwblhaf; cwblhânt; cwblhâi; cwblheir; cwblheais; cwblhasom

cwcw *hon* (cwcŵod) *cuckoo*

cwcwll *hwn* (cycyllau) *cowl*

cwch *hwn* (cychod) **1.** *boat* **2.** *hive*

cwd : cwdyn *hwn* (cydau) *bag*

cwennod gw. **cywen**

cwestiwn *hwn* (cwestiynau) *question*

cwfl *hwn* (cyflau) *hood*

cwgen *hon* (cwgenni : cwgennod) *bread roll*

cwil : cwilsyn *hwn* (cwils : cwilsynnau) *quill*

cwlwm *hwn* (clymau) *knot*

cwm *hwn* (cymoedd) *glen*

cwmni *hwn* (cwmnïau) *company*

cwmnïaeth *hon* **companionship**

cwmnïwr *hwn* (cwmniwyr) *companion*

cwmwd *hwn* (cymydau) *commote*

cwmwl *hwn* (cymylau) *cloud*

cŵn gw. **ci**

cwningen *hon* (cwningod) *rabbit*

cwnstabl *hwn* (cwnstabliaid) *constable*

cwota *hwn* (cwotâu) *quota*

cwpl : cwpwl *hwn* (cyplau) *couple*

cwpwrdd *hwn* (cypyrddau) *cupboard*

cwr *hwn* (cyrrau : cyrion) **1.** *corner* **2.** *outskirt*

cwrcwd *hwn* (cyrcydau) *squatting*

cwrdd *hwn* (cyrddau) *meeting*

cwricwlwm *hwn* (cwricwla)

cwrs *hwn* (cyrsiau) *course*

cwrt *hwn* (cyrtiau) *court*

cwrtais *courteous* cwrteised; cwrteisach; cwrteisaf

cwrwg : cwrwgl : corwgl *hwn* (coryglau) *coracle*

cwsg[1] *hwn* (cysgau) *sleep*

cwsg[2] o cysgu

cwsmer *hwn* (cwsmeriaid) *customer*

cwt[1] *hwn* (cytiau) *hut*

cwt[2] *hwn neu hon* (cytau) *tail*

cwt[3] *hwn* (cytau) *cut*

cwta 1. o flaen gair *barely* Mae'n achosi Treiglad Meddal: *cwta bum mlynedd*. **2.** ar ôl gair *curt ateb cwta* cota; cwteued; cwteuach; cwteuaf

cwyd o codi

cwyn *hwn neu hon* (cwynion) Os treiglir 'cwyn' mae angen 'ŵ': *chŵyn; gŵyn*.

cwyr *hwn* **wax** Mae angen'ŵ' yn y ffurf *gŵyr*.

cwys *hon* (cwysi : cwysau) *furrow* Os treiglir 'cwys' mae angen 'ŵ': *gŵys; chŵys*.

cybiau gw. **cwb**

cycyllau gw. **cwcwll**

cychod gw. **cwch**

cychwyn *to begin* cychwynnaf; cychwynnais; cychwynasom

cychwynnol *initial*

cyd gw. **cyhyd : cyd**

cyd- co- Daw o flaen gair ac mae'n achosi Treiglad Meddal: *cyd-fyw*.

cydaid *hwn* (cydeidiau) *bagful*

cydau gw. **cwd** a **cwdyn**

cyd-destun *hwn* (cyd-destunau) *context*

cyd-dynnu *to co-operate* cyd-dynnaf; cyd-dynnais; cyd-dynasom

cyd-ddigwyddiad *hwn* (cyd-ddigwyddiadau) *coincidence*

cyd-ddyn *hwn* (cyd-ddynion) *fellow-man*

cydeidiau gw. **cydaid**

cyd-fynd *to agree*

cyd-fyw *to live together*

cydnabod[1] *to acknowledge* cydnabyddaf; cydnebydd ef/hi; cydnabûm

cydnabod[2] *hwn neu hon* (cydnabyddion) *acquaintance*

cydran *hon* (cydrannau) *component*

cydsynio *to agree* cydsyniaf; cydsynnir

cydweithio be *to cooperate*

cyd-weithiwr *hwn* (cyd-weithwyr) *colleague*

cyd-weld *to agree* cydwelaf;
   cydwêl ef/hi
cyd-wladwr *hwn* (cyd-wladwyr)
   compatriot
cydymaith *hwn* (cymdeithion)
   companion
cyfan *complete* cyfain
cyfannedd *hwn* (cyfanheddau)
   dwelling-place
cyfannu *to make whole* cyfannaf;
   cyfennir; cyfannais; cyfanasom
cyfansoddyn *hwn* (cyfansoddion)
   compound
cyfanswm *hwn* (cyfansymiau)
   total
cyfanwaith *hwn* (cyfanweithiau)
   entity
cyfarch *to greet* cyfarchaf; cyfarch
   ef/hi; cyferchir; cyferchais
cyfarfod *to meet* rwy'n cyfarfod;
   cyfarfyddaf; cyferfydd ef/hi;
   cyfarfûm
cyfarth *to bark* cyfarthaf; cyfarth
   ef/hi; cyferthir; cyferthais
cyfarwydd[1] *familiar*
cyfarwydd[2] *hwn* (cyfarwyddiaid)
   story-teller
cyfarwyddiad : cyfarwyddyd *hwn*
   (cyfarwyddiadau) *direction*
cyfarwyddid o **cyfarwyddo**
cyfarwyddo *to direct*
   cyfarwyddaf; cyfarwyddir;
   cyfarwyddid
cyfateb *to correspond* cyfetyb ef/hi
cyfath *congruent*
cyfathrachu *to have intercourse*
   cyfathrachaf; cyfathrechir
cyfeb *pregnant*
cyfebion *pregnant animals*
cyfeiliant *hwn* (cyfeiliannau)
   accompaniment

cyfeillion gw. **cyfaill**
cyfeintiau gw. **cyfaint**
cyfeiriannu *to orienteer*
   cyfeiriannaf; cyfeiriannais;
   cyfeirianasom
cyfer : cyfair hwn (cyfeiriau) *acre*
cyferbyniol : cyferbynnol
   contrasting
cyferbynnu cyferbynnaf/
   cyferbyniaf;cyferbyniais/
   cyferbynnais; cyferbynasom
cyferfydd o **cyfarfod**
cyfiawnhau cyfiawnhaf;
   cyfiawnhânt; cyfiawnhâi;
   cyfiawnheir; cyfiawnheais;
   cyfiawnhasom
cyfieithydd *hwn* (cyfieithwyr)
   translator
cyflanw(af) o **cyflenwi**
cyflau gw. **cwfl**
cyfle(af) o **cyfleu**
cyfled gw. **llydan**
cyflenwi *to supply*
   cyflanwaf/cyflenwaf;
   cyflanwn/cyflenwn; cyflenwais;
   cyflanwasom/cyflenwasom
cyfleu *to convey* cyfleaf
cyfleustra : cyfleuster *hwn*
   (cyfleusterau) *convenience*
cyflwr *hwn* (cyflyrau) *condition*
cyflym *quick* cyflymed/cynted;
   cyflymach/cynt; cyflymaf
cyflyrau gw. **cyflwr**
cyfnewid *to exchange* cyfnewidiaf
cyfnewidfa *hon* (cyfnewidfeydd)
   clearing-house
cyfnodolyn *hwn* (cyfnodolion)
   periodical
cyfodi *to arise* cyfyd ef/hi
cyfoethog *rich* cyfoethoced;
   cyfoethocach; cyfoethocaf

cyfraith *hon* (cyfreithiau) *law*
cyfran *hwn* neu *hon* (cyfrannau)
  portion
cyfranddaliwr : cyfranddeiliad
  hwn (cyfranddalwyr:
  cyfranddeiliaid) *shareholder*
cyfrannedd *hwn* (cyfraneddau)
  proportion
cyfrannu *to contribute* cyfrannaf;
  cyfrennir; cyfrennais;
  cyfranasom; cyfrannon ni
cyfrannwr *hwn* (cyfranwyr)
  contributor
cyfreithiau gw. **cyfraith**
cyfrenn(ais) o **cyfrannu**
cyfrifiannell *hwn* (cyfrifianellau)
  calculator
cyfrinfa *hon* (cyfrinfeydd) *lodge*
  (trade union)
cyfrwng *hwn* (cyfryngau) *medium*
cyfrwys *cunning* cyfrwysed;
  cyfrwysach; cyfrwysaf
cyfryw *such* Mae 'cyfryw' yn dod o
  flaen enw ac yn achosi Treiglad
  Meddal: *y cyfryw rai*; ond nid
  yw'n treiglo ei hunan o flaen
  enw benywaidd: *y cyfryw ferch.*
cyfuwch gw. **uchel**
cyf-weld *to interview* cyfwelaf
cyfweliad *hwn* (cyfweliadau)
  an interview
cyfwerth *equivalent*
cyfwng *hwn* (cyfyngau) *interval*
cyfyd gw. **cyfodi**
cyfyng *restricted* cyfynged;
  cyfyngach; cyfyngaf
cyfyngau gw. **cyfwng**
cyfyng-gyngor *dilemma*
cyfyrder *hwn* (cyfyrdyr) *second*
  cousin (male)
cyffaith *hwn* (cyffeithiau) *preserve*

cyffeithydd *hwn* (cyffeithyddion)
  preservative
cyfflogiaid : cyfflogod gw.
  cyfflylog
cyffordd *hon* (cyffyrdd) *junction*
cyffroi *to agitate* cyffroaf; cyffroi
  di; cyffry ef/hi; cyffrônt; cyffrôi
  ef/hi; cyffrois i; cyffroes ef/hi;
  cyffrôm
cyffrous *agitated*
cyffry o **cyffroi**
cyffwrdd *to touch* cyffyrddaf;
  cyffwrdd ef/hi
cyffylog *hwn* neu *hon* (cyfflogod :
  cyfflogiaid) *woodcock*
cyffyrdd gw. **cyffordd**
cyffyrddaf o **cyffwrdd**
cynganeddion gw. **cynghanedd**
cyngerdd *hwn* neu *hon*
  (cyngherddau) *concert*
cynghanedd *hon* (cynganeddion)
  1. *cynghanedd*
  2. *harmony*
cyngherddau gw. **cyngerdd**
cynghorau gw. **cyngor²**
cynghorion gw. **cyngor¹**
cynghorwr : cynghorydd *hwn*
  (cynghorwyr) *councillor*
cynghrair *hwn* neu *hon*
  (cynghreiriau) *league*
cynghreiriad *hwn* (cynghreiriaid)
  ally
cyngor¹ *hwn* (cynghorion) *counsel*
cyngor² *hwn* (cynghorau) *council*
cyhwfan *to flutter* cyhwfanaf;
  cyhwfenir; cyhwfenais;
  cyhwfanasom
cyhyd : cyd gw. **hir**
cylchdaith *hon* (cylchdeithiau) *tour*
cylchdro *hwn* (cylchdroeon)
  rotation

cylchdroi *to revolve* cylchdro(a)f;
cylchdroi di; cylchdrois;
cylchdroes ef/hi; cylchdrôm
cylchfa *hon* (cylchfaoedd :
cylchfâu) *zone*
cylchfan *hwn* (cylchfannau)
roundabout
cylchgrawn *hwn* (cylchgronau)
magazine
cyll gw. **collen**
cyllell *hon* (cyllyll) *knife*
cymaint gw. **mawr**
cymanfa *hon* (cymanfaoedd)
assembly
cymar (cymheiriaid) *companion*
Mae 'cymar' yn treiglo yn ôl
cenedl y person y sonnir
amdano.
cymarebau gw. **cymhareb**
cymariaethau gw. **cymhariaeth**
cymdeithion gw. **cydymaith**
cymdogion gw. **cymydog**
cymdogol *neighbourly*
cymedrol *moderate*
cymell *to urge* cymhellaf; cymell
ef/hi; cymhellais; cymellasom
cymelliadau gw. **cymhelliad**
cymen *neat* cymhennu
cymer o **cymryd**
cymhareb *hon* (cymarebau) *ratio*
cymhariaeth *hon* (cymariaethau)
comparison
cymharu *to compare* cymharaf;
cymherir; cymherais;
cymarasom; cymharon ni
cymhathu ysgrifennwch **cymathu**
cymhedrol ysgrifennwch **cymedrol**
cymheiriaid gw. **cymar**
cymhell(af) gw. **cymell**
cymhelliad *hwn* (cymelliadau)
incentive

cymhennu *to tidy* cymhennaf;
cymhennir; cymenasom
cymhleth *complicated*
cymhlethed; cymhlethach;
cymhlethaf
cymhlethdod *hwn*
(cymhlethdodau) *complexity*
cymhlethu *to complicate*
cymhlethaf; cymhlethais;
cymlethasom
cymhorthdal *hwn*
(cymorthdaliadau) *subsidy*
cymhorthion gw. **cymorth**
cymhwyso *to adapt* cymhwysaf;
cymhwysais; cymwysasom;
cymhwyson ni
cymhwyster *hwn* (cymwysterau)
suitability
cymoedd gw. **cwm**
cymorth *hwn* (cymhorthion) *aid*
cymorthdaliadau gw.
cymhorthdal
Cymraeg *hon Welsh (language)*
Wrth sôn am fath arbennig o
Gymraeg mae'n ymddwyn fel
enw gwrywaidd: *Cymraeg da*;
Cymraeg llafar, Cymraeg byw.
yn Gymraeg sef 'yn y Gymraeg'
Y Beibl yn Gymraeg
Cymraes *hon* (Cymraësau)
Welshwoman
cymrawd *hwn* (cymrodyr) *fellow*
Cymreig *Welsh* Cymreiced;
Cymreicach; Cymreicaf
Cymro *hwn* (Cymry) *Welshman*
Cymraes
cymrodyr gw. **cymrawd**
Cymry gw. **Cymro**
cymryd *to take* cymeraf; cymer
ef/hi
cymwysterau gw. **cymhwyster**

31

cymydau gw. **cwmwd**

cymydog hwn (cymdogion)
neighbour

cymylau gw. **cwmwl**

cymynnu *to bequeath* cymynnaf;
cymynasom

cymynu *to hew*

cyn- *former* Daw o flaen gair ac
mae'n achosi Treiglad Meddal:
cyn-Brif Weinidog.

cyn¹ *before*
  Cyn Crist gw. **CC**

cyn² *as, so* Mae'n cael ei ddilyn
gan Dreiglad Meddal (ac eithrio
'll' a 'rh'): *cyn llonned; cyn lased
â'r môr.*

cŷn hwn (cynion) *chisel*

cynadleddau gw. **cynhadledd**

cynaeafau gw. **cynhaeaf**

cynaeafu *to harvest* cynaeafaf;
cynaeefir

cynanu *to pronounce* cynanaf;
cynenir; cynenais

cyndeidiau gw. **cyndaid**

cyndyn *stubborn* cyndynned;
cyndynnach; cyndynnaf

cynddeiriog *rabid* cynddeirioced;
cynddeiriocach; cynddeiriocaf

cynddrwg gw. **drwg**

cyneddfau gw. **cynneddf**

cyneu(af) o **cynnau**

cynffon hon (cynffonnau) *tail*

cynffonna *to fawn* cynffonnaf;
cynffonnais; cynffonasom

cynffonnau ŵyn bach *hazel
catkins*

cynffonnog *tailed*

cynffonnwr hwn (cynffonwyr)
sycophant

cynhadledd hon (cynadleddau)
conference

cynhaeaf hwn (cynaeafau)
harvest

cynhal(iaf) o **cynnal**

cynhaliwr hwn (cynhalwyr)
supporter

cynhared: cynharach: cynharaf
gw. **cynnar**

cynheddfau ysgrifennwch
  cyneddfau

cynheiliad hwn (cynheiliaid)
supporter

cynhel(iais) o **cynnal**

cynhengar *contentious* cynnen

cynhenna *to quarrel* cynhennaf;
cynhennais; cynenasom;
cynhennon ni

cynhennau gw. **cynnen**

cynhennus *cantankerous*

cynhesed : cynhesach : cynhesaf
gw. **cynnes**

cynhesu *to warm* cynhesaf;
cynhesais; cynesasom;
cynheson ni

cynhorthwy hwn (cynorthwyon) *aid*

cynhwys(af) o **cynnwys**

cynhwysion gw. **cynnwys**

cynhwysydd hwn (cynwysyddion)

cynhyrchiad hwn (cynyrchiadau)
production

cynhyrchion gw. **cynnyrch**

cynhyrchu *to produce*
cynhyrchaf; cynhyrchais;
cynyrchasom

cynhyrchydd hwn (cynyrchwyr :
cynyrchyddion)

cynhyrfau gw. **cynnwrf**

cynhyrfiad hwn (cynyrfiadau)
a stirring

cynhyrfu *to excite* cynhyrfaf;
cynhyrfais; cynyrfasom;
cynhyrfon ni

cynig(iaf) o **cynnig**

cynigion gw. **cynnig**

cynigydd hwn (cynigwyr)
proposer

cyniled : cynilach : cynilaf
gw. **cynnil**

cyniwair : cyniweirio *to gather*
cyniweiriaf

cynllunio *to design* cynlluniaf;
cynllunnir

cynllunydd hwn (cynllunwyr)
planner

cynllwyn hwn (cynllwynion)
intrigue

cynnal *to support* cynhaliaf;
cynnal ef/hi; cynhelir; cynheliais;
cynaliasom; cynhalion ni

cynnar *early* cynhared;
cynharach; cynharaf

cynnau *to light* cyneuaf; cyneuir

cynneddf hon (cyneddfau)

cynnen hon (cynhennau)
contention

cynnes *warm* cynhesed;
cynhesach; cynhesaf

cynnig[1] hwn (cynigion) *offer*

cynnig[2] *to offer* cynigiaf; cynnig
ef/hi

cynnil *frugal* cyniled; cynilach;
cynilaf

cynnud hwn *firewood*

cynnull *to gather together*
cynullaf; cynnull ef/hi

cynnwrf hwn (cynhyrfau)
commotion

cynnwys[1] hwn
(cynhwysion)*content*

cynnwys[2] *to include* cynhwysaf;
cynhwysais; cynwysasom;
cynhwyson ni

cynnydd hwn *increase*

cynnyrch hwn (cynhyrchion)
produce

cynorthwyon gw. **cynhorthwy**

cynorthwyydd hwn
(cynorthwywyr) *assistant* Does
dim angen '-' h.y. cynorthwy-ydd.

cynrhonyn hwn (cynrhon) *maggot*

cynsail hon (cynseiliau)
precedent

cynt[1] gw. **cynnar; cyflym**

cynt[2] *formerly* 'gynt' a ddefnyddir i
gyfeirio at gyfnod pell yn ôl: *yr
hen amser gynt*; 'cynt' (heb
dreiglad) a ddefnyddir at gyfnod
nes o amser: *y noson cynt*

cyntaf 1. *first* **2.** gw. **cynnar** Os
daw 'cyntaf' o flaen enw, nid
yw'n achosi Treiglad Meddal.

cyntaf-anedig *first-born*
(ansoddair yw 'ganedig')

cynted gw. **cynnar**

cynullaf o **cynnull**

cynwysyddion gw. **cynhwysydd**

cynyrchiadau gw. **cynhyrchiad**

cynyrchyddion gw. **cynhyrchydd**

cynyrfiadau gw. **cynhyrfiad**

cynysgaeddu *to endow*

cyplau gw. **cwpwl**

cypreswydden hon (cypreswydd)
cypress tree

cypyrddaid hwn (cypyrddeidiau)
cupboardful

cypyrddau gw. **cwpwrdd**

cyraeddiadau gw. **cyrhaeddiad**

cyrcs gw. **corcyn**

cyrcydau gw. **cwrcwd**

cyrchfa hon (cyrchfeydd)
rendezvous

cyrchfan hwn neu hon
(cyrchfannau) *resort*;
rendezvous

cyrchu *to attack* cyrch ef/hi
cyrd gw. **cordyn**
cyrddau gw. **cwrdd**
cyrff gw. **corff**
cyrhaedd(af) o **cyrraedd**
cyrhaeddiad *hwn* (cyraeddiadau)
reach
cyrïau gw. **cyrri**
cyrion gw. **cwr**
cyrlen *hon* (cyrls) *a curl*
cyrn gw. **corn**
cyrraedd *to reach* cyrhaeddaf;
cyrraedd ef/hi; cyrhaeddais;
cyraeddasom; cyrhaeddon ni
cyrrau gw. **cwr**
cyrri *hwn* (cyrïau) *curry*
cyrs gw. **corsen**
cyrsiau gw. **cwrs**
cyrt gw. **cordyn**
cyrtiau gw. **cwrt**
cysáct *exact*
cysawd *hwn* (cysodau) *system*
cysgadur *hwn* (cysgaduriaid)
sleeper
cysgau gw. **cwsg**
cysgu *to sleep* cwsg ef/hi
cysodau gw. **cysawd**
cystadleuaeth *hon*
(cystadlaethau) *competition*
cystadlu *to compete* cystedlir
cystal gw. **da**

cystrawen *hon* (cystrawennau)
syntax
cysur *hwn* (cysuron) *consolation*
cyswllt *hwn* (cysylltau :
cysylltiadau) *connection*
cysylltair *hwn* (cysyllteiriau)
conjunction
cytau gw. **cwt**
cytbwys *balanced* cydbwysedd
cytiau gw. **cwt**[1]
cytsain *hon* (cytseiniaid)
consonant
cytûn *in agreement*
cythraul *hwn* (cythreuliaid) *fiend*
cythreulig *diabolical*
cywain *to garner* cyweiniaf;
cywain ef/hi
cywair *hwn* (cyweiriau) *key*
cywaith *hwn* (cyweithiau) *project*
cywarchen *hon* (cywarch) *hemp*
cywasgu *to compress*
cywasgaf; cywesgir; cywesgais;
cywasgasom
cywein(iaf) o **cywain**
cyweiriau gw. **cywair**
cyweithiau gw. **cywaith**
cywen *hon* (cywennod : cwennod)
pullet
cywir *correct* cywired; cywirach;
cywiraf
cywrain *adroit* cywreined;
cywreinach; cywreinaf

Ch

chwaer *hon* (chwiorydd) *sister*
chwain gw. **chwannen**
chweinllyd
chwâl *scattered*
chwalfa *hon* (chwalfeydd)
(a) scattering

chwalu *to scatter* chwalaf;
chwelir; chwelais; chwalasom
chwannen *hon* (chwain) *flea*
chwannog *inclined to*
chwarae *to play* chwery ef/hi;
chwarae di! chwareus

chwaraewr *hwn* (chwaraewyr)
player

chwardd o **chwerthin**

chwarel *hwn* neu *hon* (chwareli)
quarry

chwarennau gw. **chwarren**

chwareus *playful*

chwarren *hon* (chwarennau)
gland

chwarter *hwn* (chwarteri) *quarter*

chwe Ffurf ar 'chwech' a
ddefnyddir yn syth o flaen enw
ac sy'n achosi Treiglad Llaes:
chwe gŵr, *chwe gwraig*, *chwe
blwydd* neu *chwe mlwydd*; *chwe
cheffyl*; *chwe phunt.*

chwech *six chwech o ddynion*;
chwech oed

chwedyn ffurf ar 'wedyn' *na chynt
na chwedyn*

chweinllyd *flea-ridden*

chwel(ais) o **chwalu**

chwennych *to covet* chwenychaf;
chwennych ef/hi

chwerdd(ais) o **chwerthin**

chwerfan *hon* (chwerfain) *pulley*

chwerthin *to laugh* chwarddaf;
chwerddir; chwerddais;
chwarddasom

chwerthinllyd *laughable*

chwerw *bitter* chwerwed;
chwerwach; chwerwaf;
chwerwon

chwerwder : **chwerwdod** :
chwerwedd *hwn bitterness*

chwery o **chwarae**

chwîb *hon whistle*

chwibanu *to whistle* chwibanaf;
chwibenir

chwil *reeling* chwiled; chwilach;
chwilaf

chwilen *hon* (chwilod) *beetle*

chwilmanta : **chwilmantan** :
chwilmentan *to rummage*

chwilolau *hwn* (chwiloleuadau)
searchlight

chwim *swift* chwimed; chwimach;
chwimaf

chwiorydd gw. **chwaer**

chwirligwgan : **chwrligwgan** :
chwyrligwgan *hwn whirligig*

chwit-chwat *fickle*

chwyddhau *to magnify*
chwyddhaf; chwyddhânt;
chwyddhâi; chwyddheir;
chwyddheais; chwyddhasom

chwyldro : **chwyldroad** *hwn*
(chwyldroadau) *revolution*

chwyldroi *to revolve* chwyldrof;
chwyldroi di; chwildrois;
chwildroeswn; chwildrô ef/hi;
chwildrôm

chwylolwyn *hon* (chwylolwynion)
fly-wheel

chwyn gw. **chwynnyn**

chŵyn ffurf wedi'i threiglo **cwyn**
(heb ^)

chwynleiddiad *hwn*
(chwynleiddiaid) *weed-killer*

chwynnu *to weed* chwynnaf;
chwynnais; chwynasom

chwynnyn *hwn* (chwyn) *weed*

chwyrlïo *to whirl* chwyrlïaf; chwrlii
di; chwyrliir; chwyrlïais

chwyrlïydd *hwn whisk*

chwyrn *vigorous* chwyrned;
chwyrnach; chwyrnaf

chwysigen *hon* (chwysigod)
blister

chwythbrennau *wood-wind
(instruments)*

D

da *good* cystal; gwell; gorau; daioni

da-da *sweets*

dadelfennu *to decompose* dadelfennaf; dadelfenasom

dadl *hon* (dadleuon) *argument*

dadlau *to argue* dadleuaf; dadleuir

dadlennu *to disclose* dadlennaf; dadlennais; dadlenasom

dadleu(af) o **dadlau**

dadleuon gw. **dadl**

dad-wneud *to undo* dad-wneir; dad-wnaethpwyd

daear *hon* (daearoedd) *earth*

daeargi *hwn* (daeargwn) *terrier*

daeargryn *hwn* neu *hon* (daeargrynfâu : daeargrynfeydd) *earthquake*

daearu *to earth* daearaf; daeerir

daeth o **dod**

dafad¹ *hon* (defaid) *sheep*

dafad² : dafaden *hon* (dafadennau) *wart*

dafadennog wedi'i orchuddio â dafadennau

dafn *hwn* (dafnau : defni) *drop*

dagrau gw. **deigryn** hefyd lluosog **dagr**

dagreuol *tearful*

dail gw. **deilen**

daioni *hwn goodness*

dal : dala *to catch* daliaf; deil ef/hi; delir; daliais; daliasom

dalen *hon* (dalennau) *sheet (of paper)*

dalfa *hon* (dalfeydd) *a catch*

dall *blind* dalled; dallaf; dallach; deillion

dallu *to blind* dallaf; dellir; dallais

dameg *hon* (damhegion) *parable*

damwain *hon* (damweiniau) *accident*

damweiniol *accidental*

dan ffurf fwyaf arferol **tan** danaf i; danat ti; dano ef; dani hi; danom ni; danoch chi; danynt hwy (danyn nhw). Mae 'dan' yn cael ei ddilyn gan Dreiglad Meddal: *gweithgareddau dan do.*

danadl : dynad gw. **danhadlen**

danas *hwn* neu *hon* ac enw torfol *fallow deer*

dandwn *to pamper*

danfon *to send* denfyn ef/hi

dangos *to show* dengys ef/hi

danhadlen *hon* (danadl : dynad) *nettles*

danheddog *serrated*

dannedd gw. **dant**

dannod *to reproach*

dannoedd : dannodd *hon toothache*

dan(o) gw. **dan**

danodd *below*

dant *hwn* (dannedd) *tooth*

dantaith *hwn* (danteithion) *delicacy*

danteithiol *delicious*

darfod 1. *to cease* 2. yn y ffurf lafar **ddaru** *to happen* rwy'n darfod; darfyddaf; derfydd ef/hi; darfûm; darfu

darfodedig *transient* darfodediced; darfodedicach; darfodedicaf

dar(fu) o **darfod**

darganfod *to discover* rwy'n darganfod; darganfyddaf;

dargenfydd ef/hi; darganfûm;
darganfu

darganfyddiad *hwn*
(darganfyddiadau) *discovery*

dargludydd *hwn* (dargludyddion)
conductor

dargopïo *to trace* dargopïaf;
dargopii; dargopïais;
dargopiasom (heb ï)

darlithydd *hwn* (darlithwyr)
lecturer

darluniadol *illustrated*

darlunio *to illustrate* darluniaf;
darlunnir

darllenwr : darllenydd *hwn*
(darllenwyr : darllenyddion)
reader

darn- *partly* Daw o flaen gair ac
mae'n achosi Treiglad Meddal:
darn-ladd.

darnio *to break up* darniaf; dernir;
derniais; darniasom

darogan *to predict* daroganaf;
darogenir; darogenais;
daroganasom

darostwng *to subjugate*
darostyngaf; darostyngir

darostyngedig *subjugated*

darpar *prospective* Mae 'darpar'
yn dod o flaen enw ac yn achosi
Treiglad Meddal: *darpar ŵr.*

darparu *to prepare* darparaf;
darperir; darperais; darparasom

darseinydd *hwn* (darseinyddion)
loudspeaker

daru o **darfod**

data *hyn* Mae'n ffurf luosog ond y
duedd yw ei defnyddio fel enw
unigol; gw. **datwm.**

databas *hwn* (databasau)
database

datgan *to declare* datgenir

datgeiniad *hwn* (datgeiniaid)
narrator

datgloi *to unlock* datglôf; detgly
ef/hi; datglois; datglô; datglôm

datod *to untie* detyd ef/hi

datrys *to solve* detrys ef/hi

datwm *hwn* (data) *datum*

datysen *hon* (datys) *date*

dathlu *to celebrate* dethlir

dau (deuoedd) *two* Mae 'dau' yn
treiglo'n feddal ar ôl y fannod: *y
ddau ifanc*; ac yn achosi
Treiglad Meddal: *y ddau gi.*
dwy; deu

daw o **dod**

dawn *hwn* neu *hon* (doniau) *ability*

dawns *hon* (dawnsiau :
dawnsfeydd) *dance*

dawr fel yn *ni'm dawr*, *nis dawr*
to be of interest

de[1] **: deau** *hwn* *(the) South*

de[2] *southern*

de[3] *hon* *(the) right*

de[4] *right*

deall *to understand* deallaf;
deellir; deellais; deallasom

dealladwy *intelligible*

dealledig *implicit*

deallus *intelligent*

deallusion *intelligentsia*

deceni : decini *I suppose*

decibel *hwn* (decibelau) *decibel*
Ynganer '*desibel*'

dechau ffurf ar **dethau**

dechrau *to start* dechreuaf
Y duedd yw defnyddio 'cychwyn'
ar gyfer symudiad corfforol:
cychwyn taith; *cychwyn car.*

dedwydd *happy* dedwydded;
dedwyddach; dedwyddaf

de-ddwyrain *south-east*
deellir o **deall**
defaid gw. **dafad**
defni gw. **dafn**
defnyn *hwn* (defnynnau : dafnau)
drop
defosiwn *hwn* (defosiynau)
devotion
deffro *to wake* deffrôf; deffry ef/hi;
deffrônt; deffrô; deffrôm;
deffrôch; deffrônt
deg : deng *ten* Try 'deg' yn 'deng'
o flaen 'blwydd', 'blynedd', a
'diwrnod', sydd yn eu tro yn
treiglo'n drwynol; try'n 'deng'
hefyd o flaen rhai enwau yn
dechrau ag 'm': *deng milltir*;
deng mil. dengwaith
degolyn *hwn* (degolion) *decimal*
degwm *hwn* (degymau) *tithe*
dengwaith *ten times*
dehongliad *hwn* (deongliadau)
interpretation
deialo : deialu *to dial* deielir
deigryn *hwn* (dagrau) *tear*
deil o **dal**
deilen *hon* (dail) *leaf*
deiliad *hwn* (deiliaid) *tenant*
deillion ffurf luosog **dall**
deinosor *hwn* (deinosoriaid)
dinosaur
deintio *to set one's teeth in*
dêl : del (o) o **dod**
deli o **dal**
delta *hwn* (deltâu) *delta*
dellten *hon* (dellt) *lath*
denfyn o **danfon**
dengys o **dangos**
D. Enw *A.N. Other*
deongliadau gw. **dehongliad**
deon *hwn* (deoniaid) *dean*

deorfa *hon* (deorfâu : deorfeydd)
hatchery
de-orllewin *hwn* *south-west*
derbyn *to receive* derbyniaf;
derbyn ef/hi; derbynnir
derbynneb *hon* (derbynebau)
receipt
derbynnydd *hwn* *receiver*
dere o **dod**
der(fydd) o **darfod**
deri gw. **derwen**
derwreinyn *hwn* neu *hon*
(derwraint) *ringworm*
deryn gw. **aderyn**
des ffurf lafar **deuthum**
detgly o **datgloi**
detrys o **datrys**
detyd o **datod**
dethau *adroit*
deu ffurf ar **dau**. Er ei fod, fel arfer,
yn treiglo fel 'dau' ceir rhai
eithriadau: *deucant*; *deuparth*;
deupen; *deutu*.
deu(af) o **dod**
deuddeg : deuddeng *twelve* Try
'deuddeg' yn 'deuddeng' o flaen
'blwydd', 'blynedd' a 'diwrnod',
sydd yn eu tro yn treiglo'n
drwynol; try'n 'deuddeng' hefyd
o flaen rhai enwau yn dechrau
ag 'm': *deuddeng milltir*;
deuddeng mil. deuddengwaith
deuddyn *hwn* *couple*
Ysgrifennwch 'y ddeuddyn'.
deugain *forty* Mae 'blwydd',
'blynedd' a 'diwrnod' yn treiglo'n
drwynol ar ei ôl: *deugain
mlwydd oed.*
deunaw *eighteen* Mae 'blwydd',
'blynedd' a 'diwrnod' yn treiglo'n
drwynol ar ei ôl: *deunaw mlynedd.*

deuoedd gw. **dau**

deuparth *two thirds*

deupen *hwn* *two ends*
Ysgrifennwch 'y ddeupen'.

dewin *hwn* (dewiniaid) **wizard**

dewinio *to dowse* dewiniaf;
dewinnir

dewis *to choose* dewis ef/hi

dewr *brave* dewred; dewrach;
dewraf; dewrion

diacon *hwn* (diaconiaid) **deacon**

diangfâu gw. **dihangfa**

di-ail *incomparable*

diail o **dial**

diainc o **dianc**

dial *to avenge* dialaf; diail ef/hi;
dielir; dielais; dialasom; dialon ni

di-alw-amdano *uncalled for*

dianc *to escape* dihangaf; diainc
ef/hi; dihengir; dihengais;
diangasom; dihangon ni

diarhebion gw. **diareb**

diarhebol *proverbial*

diasgwrn-cefn *invertebrate*

diawl *hwn* (diawliaid) **devil**

di-baid *ceaseless*

di-ben-draw *interminable*

dibennu *to conclude* dibennaf;
dibennais; dibenasom; dibennon
ni

dibynnol *dependent*

dibynnu *to depend* dibynnaf;
dibynnais; dibynasom; dibynnon
ni

diced : **dicach** : **dicaf** gw. **dig**

dichon *perhaps*

di-chwaeth *tasteless*

di-dâl *unpaid*

didolnod *hwn* *diaeresis* Mae'n
cael ei ddefnyddio er mwyn
dangos lle mae'r acen. Os nad

oes amheuaeth, does dim ei
angen: *amgaeedig*, *criir* ond
crïwr a *crïwyr*, *gweddïau* ond
gweddïir. Hefyd mae'n symud
fel y mae'r acen yn symud: *iäen*,
iaënnau; *glöyn*, *gloÿnnod*;
ffoëdig, *fföedigion*.

di-dor *uninterrupted*

di-drai *unceasing*

di-drais *non-violent*

di-droi'n-ôl *resolute*

didwyll *sincere* didwylled;
didwyllach; didwyllaf

di-ddadl *indisputable*

di-ddal *fickle*

di-ddawn *untalented*

didderbyn-wyneb *impartial*

di-ddweud *taciturn*

dieithryn *hwn* (dieithriaid)
stranger

difai : **di-fai** *faultless*

difeddwl-drwg *unsuspecting*

di-fefl *flawless*

diferyn *hwn* (diferion : diferynnau)
drop

di-feth *unerring*

diflannu *to disappear* diflannaf;
diflanasom

diflas *dull* diflased; diflasach;
diflasaf

di-flas *tasteless*

diflasu *to bore* diflesir

diflewyn-ar-dafod *plain-speaking*

difrif *serious* difrifed; difrifach;
difrifaf

difrïo *to disparage* difrïaf; difriir;
difrïais

difrïol *derogatory*

di-fudd *useless*

di-fwlch *continuous*

di-fydr *metreless*

difyr *entertaining* difyrred; difyrrach; difyrraf
difyrion *amusements*
difyrru *to entertain* difyrraf; difyrasom; difyrron ni
difyrrwch *hwn entertainment*
di-ffael *without fail*
diffaith *desolate* diffeithed; diffeithach; diffeithaf
diffeithwch *hwn wilderness*
differyn *hwn* (differynnau) *differential*
diffinio *to define* diffiniaf; diffinnir
diffodd *to turn off* diffydd ef/hi
di-ffrind *friendless*
di-ffrwt *listless*
diffydd o **diffodd**
diffynnydd *hwn* (diffynyddion) *defendant*
dig *irate* diced; dicach; dicaf
digalonni *to lose heart* digalonnaf; digalonnais; digalonasom
di-glem *inept*
di-glod *unpraised*
digon *enough* Nid yw 'digon' yn achosi treiglad pan ddaw o flaen gair: *digon da*; *digon drwg*; *digon gwir*.
di-gosb *unpunished*
digrif *funny* digrifed; digrifach; digrifaf
digwydd *to happen* digwydd ef/hi
di-gŵyn *uncomplaining*
di-Gymraeg *non-Welsh-speaking*
digywilydd-dra *hwn effrontery*
di-had *seedless*
dihang(af) o **dianc**
dihangfa *hon* (diangfâu) *escape*
di-haint *sterile* diheintio
dihareb *hon* (diarhebion) *proverb*

diheng(ir) o **dianc**
diheintio *to disinfect* di-haint
dihenydd *hwn death*
di-hid *heedless*
dihiryn *hwn* (dihirod) *scoundrel*
di-hun: dihun fel yn 'ar ddi-hun' *awake*
di-hwyl *out of sorts*
dihysbyddu *to exhaust* disbyddaf
di-ildio *unyielding*
di-les *of no benefit*
dileu *to delete* dileaf; dilëir; dilëwch; dileem; dileer
di-liw *drab*
di-log *interest-free*
di-lol *unaffected*
di-lun *shapeless*
di-lwgr *incorruptible*
dilyn *to follow* dilynaf; dilyn ef/hi
dilyniant *hwn* (dilyniannau) *sequence*
dilys *valid* dilysed; dilysach; dilysaf
dillad gw. **dilledyn**
dilladu *to clothe* dilladaf; dilledir; dilledais; dilladasom
dilledyn *hwn* (dillad) *garment*
dim *hwn anything*; *nothing*; *nought* Ystyr wreiddiol 'dim' oedd *something*, felly dylid defnyddio 'ni(d)' neu 'na(d)' i gyflwyno ystyr negyddol: *Rwy'n gwybod nad yw'r stori'n wir*, yn hytrach na *Rwy'n gwybod fod y stori ddim yn wir*.
dimai *hon* (dimeiau) *halfpenny*
dimeiwerth *hon ha'porth*
dimensiwn *hwn* (dimensiynau) *dimension*
di-nam *immaculate*
Dinbych-y-pysgod *Tenby*

dinesydd *hwn* (dinasyddion)
citizen

diniwed *innocent* diniweitied;
diniweitiach; diniweitiaf;
diniweidion

di-nod : dinod *obscure* dinoted;
dinotach; dinotaf

di-oed : dioed *immediate*

di-ofn : diofn *unafraid*

diog *lazy* dioced; diocach; diocaf

diogel *safe* diogeled; diogelach;
diogelaf

di-os *undoubted*

di-raen : diraen *lacklustre*

dirdynnol *excruciating*

dirdynnu *to torture*

dirgel *secret* dirgeled; dirgelach;
dirgelaf; dirgelion

diriaid *wicked*

di-rif : dirifedi *innumerable*

dirprwy *deputy* Daw 'dirprwy' o
flaen enw gan achosi Treiglad
Meddal: *dirprwy brifathro.*

dirwystr *unhindered*

di-rym : dirym *powerless*

di-sail *unfounded*

disbaddu *to castrate* disbeddir

disglair *bright* disgleired;
disgleirach; disgleiraf;
disgleirion

disgwyl *to expect* disgwyliaf;
disgwyl ef/hi

disgybledig *disciplined*
disgyblediced; digybledicach;
disgybledicaf

disgyn *to descend* disgynnaf;
disgyn ef/hi; disgynnais;
disgynasom; disgynnon ni

disgynnydd *hwn* (disgynyddion)
descendant

di-sôn-amdan(o/i) *insignificant*

distadl *insignificant* distatled;
distatlach; distatlaf

di-staen *unstained*

distaw *quiet* distawed; distawach;
distawaf

distaw(af) o **distewi**

distewi *to silence* distawaf;
distewir; distewais; distewasom

di-stŵr *without fuss*

di-sut *inept*

di-swyn *unenchanting*

di-syfl *steadfast*

di-sylw *inattentive*

disylw *unobserved*

disynnwyr *senseless*

diwahân *indiscriminate*

diwair *uncorrupted* diweired;
diweirach; diweiraf

di-waith *unemployed*

diwallu *to satisfy* diwallaf; diwellir;
diwellais; diwallasom

di-wardd *unruly*

di-wast *sparing*

diweddar *late* diweddarach;
diweddaraf (does dim
'*diweddared*'). Pan ddaw o flaen
enw mae'n golygu 'late' = 'a fu
farw'.

diweddaru *to modernise*
diwedderir

diwel *to pour*

di-wg *without a frown*

di-wobr *prizeless*

diwydiannol *industrial*

diwydiannwr *hwn* (diwydianwyr)
industrialist

diwydiant *hwn* (diwydiannau)
industry

diwylliannol *cultural*

diwylliant *hwn* (diwylliannau)
culture

diymwâd *indubitable*

doctor *hwn* (doctoriaid) *doctor (medical)*

dod : dyfod *to come* deuaf/dof; daw; dônt (hwy); dôi ef/hi; deuthum; daeth ef/hi; dere!/tyr(e)d!; dêl/delo ef/hi

dodi *to put* dyd ef/hi

dodrefnyn *hwn* (dodrefn) *(a piece of) furniture*

doe *yesterday* Mae'n digwydd gan amlaf yn ei ffurf dreigledig.

doeth *wise* doethed; doethach; doethaf; doethion

doethur *hwn* (doethuriaid) *doctor (academic)*

dofn ffurf fenywaidd **dwfn** *afon ddofn*

dogfen *hon* (dogfennau) *document*

dogfennol *documentary*

dôl¹ *hon* (dolau : dolydd) *meadow*

dôl² *hwn* *dole*

dolen *hon* (dolennau : dolenni) *link*; *handle*

dolennog *winding*

dolennu *to coil* dolennaf; dolennais; dolenasom

doler *hon* (doleri) *dollar*

dolffin *hwn* (dolffiniaid) *dolphin*

doniau gw. **dawn**

doniol *humorous* donioled; doniolach; doniolaf

dôr *hon* (dorau) *door*

dos o **mynd**

dosbarthu *to distribute* dosberthir

dosrannu *to distribute* dosrannaf; dosrennir; dosrannais; dosranasom; dosrannon ni

draenen : draen *hon* (drain) *thorn*

draenog *hwn* (draenogod) *hedgehog*

draenogiad : draenogyn *hwn* (draenogiaid) *perch*

draig *hon* (dreigiau) *dragon*

drain gw. **draenen**

drama *hon* (dramâu) *drama*

dramodydd *hwn* (dramodwyr) *dramatist*

drâr : drôr *hwn* (drârs : drôrs : dreiriau : droriau) *drawer*

draw *yonder* 'Traw' oedd y ffurf gysefin, sy'n treiglo mewn ymadroddion megis *yma a thraw.*

dreng *surley*

dreigiau gw. **draig**

dreiriau gw. **drâr**

drôr gw. **drâr**

dros gw. **tros**

drud *expensive* druted; drutach; drutaf

drudwy *hwn* (drudwyod) *starling*

drwg *hwn* (drygau) *harm*

drwg *bad* cynddrwg; gwaeth; gwaethaf; drygu

drwm *hwn* (drymiau) *drum*

drws *hwn* (drysau)

drwy gw. **trwy**

drygau gw. **drwg**

drymiau gw. **drwm**

drysau gw. **drws**

drysfa *hon* (drysfeydd) *maze*

drysïen *hon* (drysi) *briar*

dryswch *hwn* *bewilderment* dyrys

dryw *hwn* neu *hon* (drywod) *wren*

D.S. *N.B.*

du *black* dued; duach; duaf; duon

ducpwyd o **dwyn**

dug o **dwyn**

du-las : dulas *black and blue*
duryn *hwn* (durynnau) *trunk*
(elephant)
düwch *hwn* *blackness*
dwbl : dwbwl *hwn* (dyblau)
double
dweud : dywedyd *to say*
dywedaf; dywed ef/hi
dwfn *deep* dofn; dyfned; dyfnach;
dyfnaf; dyfnion
dwfr gw. **dŵr : dwfr**
dwg o **dwyn**
dŵr : dwfr *hwn* (dyfroedd) *water*
dwrn *hwn* (dyrnau) *fist*
dwsin *hwn* (dwsinau : dwsenni)
dozen
dwsmel *hwn* *dulcimer*
dwthwn *hwn* *(particular) time*
dwy ffurf fenywaidd **dau** Mae'n
achosi Treiglad Meddal ac yn
treiglo'n feddal ei hun ar ôl y
fannod, e.e. *y ddwy ferch.*
dwyfronneg *hon* (dwyfronegau)
breastplate
dwylo : dwylaw gw. **llaw** Nid yw
'dwylo' yn treiglo ar ôl y fannod:
y dwylo hyn.
dwyn *to steal* dygaf; dwg ef/hi;
dygais; dug ef/hi; dygwyd/
ducpwyd
dwyrain *hwn* *east*
dwyreiniol *eastern*
dwys *serious* dwysed; dwysach;
dwysaf
dwysáu *to intensify* dwysâf;
dwysâ ef/hi; dwysânt; dwyseir;
dwyseais; dwysasom
dy *your; you* Mae'n achosi
Treiglad Meddal: *dy dad.*
dybiwn i o **tybio**
dyblau gw. **dwbl**

dycned : dycnach : dycnaf
gw. **dygn**
dycnwch Ysgrifennwch **dygnwch**
dychanu *to satirise* dychenir
dychlamu *to leap* dychlamaf;
dychleim ef/hi; dychlemais;
dychlamasom; dychlamon ni
dychmygion gw. **dychymig**
dychryn *hwn* (dychryniadau)
fright
dychwelyd : dychwel *to return*
dychwelaf; dychwel ef/hi
dychymyg *hwn* (dychmygion)
imagination
dyd o **dodi**
dyddiol *daily* yn ymwneud â
diwrnod arbennig, *papur dyddiol*
beunyddiol
dyfais *hon* (dyfeisiadau) *device*
dyfalbarhau *to persevere*
dyfalbarhaf; dyfalbarhânt;
dyfalbarheir; dyfalbarhâi;
dyfalbarheais; dyfalbarhasom
dyfarnu *to pronounce; to referee*
dyfarnaf; dyfernir; dyfernais;
dyfarnasom
dyfeisiadau : dyfeisiau
gw. **dyfais**
dyfned; dyfnach; dyfnaf
gw. **dwfn**
dyfnhau *to deepen* dyfnhaf;
dyfnhânt; dyfnheir; dyfnhâi;
dyfnheais; dyfnhasom
dyfnion gw. **dwfn**
dyfod gw. **dod : dyfod** dyfydd ef/hi
dyfrast *hon* (dyfreist) *otter*
(female)
dyfrfarch *hwn* (dyfrfeirch)
hippopotamus
dyfrgi : dwrgi *hwn* (dyfrgwn) *otter*
dyfrast

dyfrhau *to water* dyfrhaf; dyfrhânt; dyfrheir; dyfrhâi; dyfrheais; dyfrhasom

dyfydd o **dyfod**

dyfynnod *hwn* (dyfynodau) *quotation mark* Defnyddir y dyfynodau dwbl "---" i ddynodi dyfyniad o fewn dyfyniad arall, mewn dyfynodau unigol '----'. Mae'r atalnod llawn yn dilyn y dyfynodau oni bai mai atalnod llawn sy'n cloi'r dyfyniad.

dyfynnu *to quote* dyfynnaf; dyfynnais; dyfynasom; dyfynnon ni

dyffryn *hwn* (dyffrynnoedd) *vale*

dyg(af) o **dwyn**

dygn *diligent* dycned; dycnach; dycnaf

dygnwch *hwn* *perseverance*

dygyfor *hwn* *a surging*

dyl(ai) o **dylu***

dylu* *ought* Nid yw'r berfenw yn cael ei ddefnyddio dim ond berfau yn yr amserau Amherffaith a Gorberffaith: *dylwn*; *dylid*; *dylswn*; *dylsid* etc.

dylunio *to design* dyluniaf; dylunnir

dyma *here is* Mae'n achosi Treiglad Meddal: *dyma lyfr.*

dymchwel *to overturn* dymchwelaf; dymchwel ef/hi

dyna *that is* Mae'n achosi Treiglad Meddal.

dynfarch *hwn* (dynfeirch) *centaur*

dynladdiad *hwn* *manslaughter*

dynn ffurf 'tyn' pan fydd yn treiglo'n feddal

dynolryw : dynol-ryw *mankind*

dyrannu *to allocate* dyrannaf; dyrennir; dyrennais; dyranasom; dyrannon ni

dyrchafu *to lift up* dyrchafaf; dyrchaif ef/hi; dyrchefir; dyrchefais; dyrchafasom

dyri *hon* (dyrïau) *cerdd ar fesur arbennig*

dyrnaid *hwn* (dyrneidiau) *handful*

dyrnau gw. **dwrn**

dyrnfedd *hwn* neu *hon* (dyrnfeddi) *hand*

dyr(o) o **rhoi**

dyrys *entangled* dryswch

dysgedig *learned* dysgediced; dysgedicach; dysgedicaf; dysgedigion

dysglaid *hon* (dysgleidiau) *plateful*; *cup of* (yn y De)

dysgu *to learn*; *to teach* addysgu

dyw(aid) o **dweud**

dywedwst *taciturn*

dyweddïad *hwn* (dyweddiadau) *engagement*

dyweddïo *to become engaged* dyweddïaf; dyweddiir; dyweddïais; dyweddiasom; dyweddïon ni

E

eang *broad* ehanged; ehangaf; ehangach

eangderau gw. **ehangder**

ebrwydd *quick*

ebychnod *hwn* (ebychnodau) *exclamation mark (!)* Mae'n dynodi ebychiad neu orchymyn swta.

ebyrth gw. **aberth**

eciwmenaidd *ecumenical*

economi *hwn* (economïau) *economy*

echdorri *to erupt* echdorraf; echdorrir; echdorrais; echdorasom; echdorron ni

echdynnu *to extract* echdynnaf; echdynnir; echdynnais; echdynasom

edau *hon* (edafedd) *yarn*

edefyn *hwn* (edefynnau) *thread*

edfryd o **adfer**

edifar *repentant* edifeiriol

edifarhau *to repent* edifarhaf; edifarhânt; edifarheir; edifarhâi; edifarheais; edifarhasom

edifeiriol *repentant*

edrych *to look* edrychaf; edrych ef/hi

edryd *to move*

edrydd o **adrodd**

edwi *to fade*

edwyn o **adnabod**

eddyf o **addef**

e.e. *e.g.* Rhowch goma o flaen 'e.e.'; enw torfol, *e.e.* edau

efail gw. **gefail**

efallai *perhaps* Weithiau mae'n achosi Treiglad Meddal: *efallai fod hynny'n wir.*

efe : **efô** *he*; *him*; *it*

efeilliad gw. **gefeilliaid**

efrau gw. **efryn**

Efrog Newydd *New York*

efrydydd *hwn* (efrydwyr) *student*

efrydd *hwn a cripple*

efryn *hwn* (efrau) *tare(s)*

efydd *hwn brass*

effaith *hon* (effeithiau) *effect*

effeithiol *effective*

effeithiolrwydd *hwn effectiveness*

effeithlon *efficient*

effeithlonrwydd *hwn efficiency*

eginyn *hwn* (egin) *bud*

eglurhad *hwn explanation*

eglwys *hon* (eglwysi) *church*
  Eglwys Loegr *Church of England*
  Eglwys Rufain *Roman Catholic Church*

eglwyswraig : **eglwyswreg** *hon* (eglwyswragedd)

egni *hwn* (egnïon) *energy*

egnïol *energetic*

egroesen *hon* : **egroesyn** *hwn* (egroes) *rose-hips*

egwan *puny*

egwyd *hon* (egwydydd) *pastern*

egyr o **agor**

enghraifft *hon* (enghreifftiau)

engyl gw. **angel**

ehangder *hwn* (eangderau) *expanse*

ehanged; ehangach; ehangaf gw. **eang**

ehangu *to expand* ehangaf; ehengir; ehengais; eangasom; ehangon ni

ehedeg *to fly* ehedaf; ehed ef/hi; hed di!

ehediad *hwn* (ehediaid) ***bird***
ehedydd *hwn* (ehedyddion) ***lark***
ehofndra *hwn* **presumption** eofn
ei[1] **1.** *his*; *her*; *its* ei drwyn ef; ei
 thrwyn hi
  2. *him*; *her*; *it* rwyf am ei
  chlywed hi; rwyf am ei glywed
  ef. Mae 'ei' gwrywaidd yn cael ei
  ddilyn gan Dreiglad Meddal, 'ei'
  benywaidd gan Dreiglad Llaes a
  chan 'h' o flaen llafariaid: *ei ben*;
  ei phen; *ei hathro*.
ei[2] o **mynd**
eich *your*, *you* Nid yw'n achosi 'h'
 o flaen llafariad: *Nid wyf yn eich
 adnabod*.
eidion *hwn* (eidionnau) ***bullock***
eidionyn *hwn* (eidionynnau)
 beefburger
eiddi o **eiddo**
eiddil *frail* eiddiled; eiddilach;
 eiddilaf
eiddo[1] *hwn* **property**
eiddo[2] gw. **eiddof**
eiddof fi; eiddot ti; eiddo ef; eiddi
 hi; eiddom ni; eiddoch chi;
 eiddynt hwy *mine*; *yours*; *his*;
 hers; *ours*; *yours*; *theirs*
eidduniad *hwn* *wish*
Eingl-Gymreig *Anglo-Welsh*
eilfed *second* ail. Fe'i ceir mewn
 ffurfiau fel *saith deg eilfed*.
eilchwyl *again*
ein *our*, *us* Dilynir 'ein' gan 'h' o
 flaen llafariad: *ein hysgol*.
eir o **mynd**
eirch[1] gw. **arch**
eirch[2] o **erchi**
eirinen *hon* (eirin) **1.** *plum(s)*
  2. *berry*
eirth gw. **arth**

eisiau *to want* Mae *eisiau* yn cael
 ei ddefnyddio yn amlach na
 pheidio gydag ar. Mae arnaf
 eisiau . . . (bwyd diod etc.).
eisinyn *hwn* (eisin) ***husk(s)***
eisteddle *hwn* neu *hon*
 (eisteddleoedd)
eithaf 1. *quite* O flaen gair, golyga
 'gweddol (dda ar y cyfan)'. Nid
 yw'n achosi Treiglad Meddal
 pan ddaw o flaen gair: *eithaf
 drud*; eithaf rhesymol.
  2. *extreme, absolute* pan ddaw
 ar ôl gair y gosb eithaf
eithinen *hon* (eithin) ***gorse***
êl o **mynd**
elain *hon* (elanedd) ***doe***
elfen *hon* (elfennau) ***element***
elfennol *elementary*
eli *hwn* (elïau) ***ointment***
eliffant *hwn* (eliffantod) ***elephant***
elusen *hon* (elusennau) ***charity***
elusennol *charitable*
elwlen *hon* (elwlod) ***kidney***
elyrch gw. **alarch**
elltydd gw. **alltydd**
ellyll *hwn* (ellyllon) ***fiend***
ellyn *hwn* (ellynnau : ellynnod) ***razor***
emosiwn *hwn* (emosiynau)
 emotion
emyn *hwn* (emynau) ***hymn***
emyn-dôn *hon* ***hymn-tune***
emynydd *hwn* (emynwyr) ***hymn-
 writer***
enaid *hwn* (eneidiau) ***soul***
enbyd *grievous* enbyted;
 enbytach; enbytaf
eneidiau gw. **enaid**
eneiniau : eneintiau gw. **ennaint**
enfyn o **anfon**
enill(af) o **ennill**

enllyn *hwn* rhywbeth blasus ar fara *relish*

ennaint *hwn* (eneiniau : eneintiau) *ointment*

ennill *to win* enillaf; ennill ef/hi

ennyd *hwn* neu *hon a while*

ennyn *to kindle* enynnaf; ennyn ef/hi; enynnais; enynasom; enynnon ni

ensynio *to insinuate* ensyniaf; ensynnir

enwog *famous* enwoced; enwocach; enwocaf; enwogion

enynn(af) o **ennyn**

eofn : eon *bold* eofned; eofnach; eofnaf; ehofndra

eog *hwn* (eogiaid) *salmon*

eos *hon* (eosiaid) *nightingale*

epa *hwn* (epaod) *ape*

er *in order, in spite* erof fi; erot ti; erddo ef; erddi hi; erom ni; eroch chi; erddynt hwy. Mae 'er' yn cael ei ddefnyddio i ddynodi adeg bendant, benodol: *Rwyf yma er 13 Mawrth 1986,* ac *'ers'* am gyfnod cyffredinol: *Mae hi wedi bod yma ers blynyddoedd.*

eraill gw. **arall**

erchi *to plead* archaf; eirch ef/hi; erchir; erchais; archasom

erchwyn *hwn* neu *hon* (erchwynnau) *edge (of bed)*

erchyll *hideous* erchylled; erchyllach; erchyllaf

erchylltra *hwn* (erchyllterau) *atrocity*

erdd(ais) o **aredig**

erddi[1] gw. **er**

erddi[2] o **aredig**

erfinen *hon* (erfin) *swede; turnip*

erfyn[1] *hwn* (arfau) *tool*

erfyn[2] *to entreat* erfyniaf; erfynnir

ergyd *hwn* neu *hon* (ergydion) *a blow*

erioed *ever, never* Defnyddir 'erioed' i gyfeirio at y Gorffennol yn unig; 'byth' a ddefnyddir os oes unrhyw arlliw o'r Dyfodol: *Ni welais mohono erioed o'r blaen; Welais i mohono byth wedi hynny.*

erlid *to persecute* erlidiaf

erlynydd *hwn* (erlynwyr) *prosecutor*

erof gw. **er**

ers *since* am amser amhenodol. Gw. hefyd **er**

erwydd *hwn* (erwyddi) *stave (music)*

ery o **aros**

erydr gw. **aradr**

eryr *hwn* (eryrod) **1.** *eagle* **2.** *shingles (of skin)*

erys o **aros**

esbonio *to explain* esboniaf; esbonnir

esgair *hon* (esgeiriau) *ridge*

esgeulus *slipshod* esgeulused; esgeulusach; esgeulusaf

esgus *hwn* (esgusodion : esgusion) *an excuse*

esgyll gw. **asgell**

esgyn *to ascend* esgynnaf; esgynnais; esgynasom; esgynnon ni

esgyrn gw. **asgwrn**

esmwyth *smooth* esmwythed; esmwythach; esmwythaf

esmwytháu *to smooth* esmwythâf; esmwythâ; esmwythânt; esmwytheir; esmwythâi; esmwytheais; esmwythasom

estron[1] *foreign* estroned; estronach; estronaf

estron[2] *hwn* (estroniaid) *foreigner*

estrys *hwn* neu *hon* (estrysiaid) *ostrich*

estyllen *hon* (estyll) *plank*

estyn *to extend* estynnaf; estyn ef/hi; estynnais; estynasom; estynnon ni

eteil o *atal*

etifedd *hwn* (etifeddion)

etyb o *ateb*

etyl o *atal*

eu *their, them* Dilynir 'eu' gan 'h' o flaen llafariad: *eu hewythr hwy.*

euog *guilty* euoced; euocach; euocaf; euogion

eurych *hwn* (eurychiaid) *goldsmith*

euthum o *mynd*

ewch o *mynd*

ewig *hon* (ewigod) *hind*

ewin *hwn* neu *hon* (ewinedd) *nail*

ewynnog *foaming*

ewynnu *to foam* ewynnaf; ewynnais; ewynasom; ewynnon ni

ewythr : ewyrth *hwn* (ewythredd : ewythrod) *uncle*

F

fagddu *hon* **hell** sef 'y fagddu' o lysenw mab hyll Ceridwen yn hanes Taliesin, Afagddu

fandal *hwn* (fandaliaid) *vandal*

farnais *hwn varnish*

farneisio *to varnish*

fawr *not much* ffurf ar 'mawr' wedi'i threiglo. Mae'n achosi Treiglad Meddal ac eithrio o flaen ffurf gymharol ansoddair *fawr ddim; fawr gwell; fawr gwaeth.*

fe Daw o flaen berfau yn arbennig ar lafar: *fe ddaeth; fe redodd.* Mae'n achosi Treiglad Meddal; 'ac fe' sy'n gywir; peidiwch â'i ddefnyddio gydag *yr wyf; yr oedd.*

fel *like* ac fel (nid '*a fel*')

felly *therefore* ac felly. Pan fydd 'felly' yn torri ar rediad normal y frawddeg ac yn creu sangiad ceir Treiglad Meddal: *Ni welwyd felly long yn gadael yr harbwr.*

fersiwn *hwn* (fersiynau) *version*

festri *hon* (festrïoedd : festrïau) *vestry*

fi : i Defnyddiwch y naill neu'r llall os bydd '-f' yn niwedd y terfyniad, ond 'i' yn unig bob tro arall: *siaradaf fi/i; mae'n fy ngweld i.*

ficer *hwn* (ficeriaid) *vicar*

fiola *hon* (fiolâu) *viola*

firws *hwn* (firysau) *virus*

y Fns *Mrs; Miss; MS*

fwltur *hwn* (fwlturiaid) *vulture*

fy *my; me* Mae'n achosi Treiglad Trwynol: *fy mhen.*

fyny *up*

Ff

ffa gw. **ffeuen**
ffacbysen *hon* (ffacbys) *lentil(s)*
ffäen gw. **ffeuen**
ffafrio *to favour* ffefrir
ffagotsen *hon* (ffagots) *faggot*
ffair *hon* (ffeiriau) *fair*
ffaith *hon* (ffeithiau) *fact*
ffals *false* ffalsed; ffalsach; ffalsaf
ffansi *hon* (ffansïau) *fancy*
ffansïo *to fancy* ffansïaf; ffansiir;
  ffansïais; ffansiasom; ffansïon ni
ffantasi *hon* (ffantasïau) *fantasy*
ffárwel *a farewell*
ffarwél *Farewell!*
ffasiwn *hon* (ffasiynau) *fashion*
  Pan ddaw 'y ffasiwn' o flaen
  enw mae'n achosi Treiglad
  Meddal: *y ffasiwn beth*; *y ffasiwn
  ddyn.*
ffatri *hon* (ffatrïoedd)
ffau *hon* (ffeuau) *lair*
ffawydden *hon* (ffawydd) *beech*
FfCM Ffactor Cyffredin Mwyaf *HCF*
ffefryn *hwn* (ffefrynnau :
  ffefrynnod) *favourite*
ffein *kind*; *delicious* ffeinach;
  ffeinaf
ffeiriau gw. **ffair**
ffeithiau gw. **ffaith**
ffenestr *hon* (ffenestri) *window*
ffêr *hon* (fferau) *ankle*
fferen *hon* (fferins) *sweet(s)*
fferf ffurf fenywaidd **ffyrf**
fferi *hon* (fferïau) *ferry*
fferm : **ffarm** *hon* (ffermydd) *farm*
fferru *to numb* fferraf; fferrais;
  fferasom
fferyllfa *hon* (fferyllfeydd)
  pharmacy

fferyllydd *hwn* (fferyllwyr)
  pharmacist
ffesant *hwn* neu *hon* (ffesantod)
  pheasant
ffeuau gw. **ffau**
ffeuen : **ffäen** *hon* (ffa) *bean(s)*
ffiaidd *despicable* ffieiddied;
  ffieiddiach; ffieiddiaf
ffieidd-dra *hwn* *abomination*
ffigysbren *hwn* (ffigysbrennau)
  fig tree
ffigysen *hon* (ffigys) *fig(s)*
ffinio *to border on* ffiniaf; ffinnir
ffisegydd *hwn* (ffisegwyr)
  physicist
ffiws *hwn* (ffiwsys) *fuse*
fflat *flat* fflated; fflatach; fflataf
fflŵr *flour*
ffoadur *hwn* (ffoaduriaid) *fugitive*
ffocws *hwn* (ffocysau) *focus*
ffoëdig *fleeing* fföedigion
fföedigaeth *hon* *flight*
fföedigion : **ffoaduriaid** refugees
ffoi *to flee* ffoaf; ffy ef/hi; ffôi ef/hi;
  ffois; ffoesom; ffôm
ffôl *foolish* ffoled; ffolach; ffolaf
ffon *hon* (ffyn) *stick*
ffôn *hwn* (ffonau) *telephone*
ffonio *to phone* ffoniaf; ffonnir
ffonnod *hon* (ffonodiau) *a whack*
fforc *hon* (ffyrc) *ffork*
fforch *hon* (fforchau : ffyrch) *fork*
ffordd *hon* (ffyrdd) *way*
fforddolyn *hwn* (fforddolion)
  wayfarer
fforest *hon* (fforestydd) *forest*
fformwla *hon* (fformwlâu) *formula*
ffortiwn *hon* (ffortiynau) *fortune*
ffos *hon* (ffosydd) *trench*

ffotograffydd *hwn* (ffotograffwyr)
photographer
ffowlyn *hwn* (ffowls) *poultry*
ffowndri *hon* (ffowndrïau) *foundry*
ffracsiwn *hwn* (ffracsiynau)
fraction
ffraeth *witty* ffraethed; ffraethach;
ffraethaf
ffrâm *hon* (fframiau) *frame*
fframwaith *hwn* (fframweithiau)
framework
fframyn *hwn* (fframiau) *frame*
ffres *fresh* ffresied; ffresiach;
ffresiaf
ffrewyll *hon* *scourge*
ffridd *hon* (ffriddoedd) *mountain*
pasture
ffroesen : ffroisen *hon* (ffroes :
ffrois) *pancake*
ffrwd *hon* (ffrydiau) *stream*
ffrwgwd *hwn* (ffrygydau) *brawl*;
fray
ffrwydryn *hwn* (ffrwydron)
explosive
ffrwythlon *fertile* ffrwythloned;
ffrwythlonach; ffrwythlonaf
ffrydiau *gw.* **ffrwd**
ffrygydau *gw.* **ffrwgwd**
ffug *false* Os daw o flaen enw
mae'n achosi Treiglad Meddal:
ffugbasio.
ffunen *hon* (ffunennau : ffunenni)
handkerchief
ffurf *hon* (ffurfiau) *form*
ffurfafen *hon* (ffurfafennau)
firmament
ffurflen *hon* (ffurflenni) *form*
ffwng *hwn* (ffyngau : ffyngoedd)
fungus

ffŵl *hwn* (ffyliaid) *fool*
ffwlbart *hwn* (ffwlbartiaid) *polecat*
ffwlcrwm *hwn* (ffwlcrymau)
fulcrum
ffwr *hwn* (ffyrrau) *fur*
ffwrdd-â-hi *easy going*
ffwrn *hon* (ffyrnau) *oven*
ffwrnais *hon* (ffwrneisi :
ffwrneisiau) *furnace*
ffwrwm *hon* (ffyrymau) *bench*
ffwythiant *hwn* (ffwythiannau)
function (mathematical)
ffy o **ffoi**
ffyddlon *faithful* ffyddloned;
ffyddlonach; ffyddlonaf;
ffyddloniaid
ffyngau : ffyngoedd *gw.* **ffwng**
ffyliaid *gw.* **ffŵl**
ffyn o **ffon**
ffynhonnau o **ffynnon**
ffynhonnell *hon* (ffynonellau)
source
ffyniannus *prosperous*
ffynidwydden *hon* (ffynidwydd)
fir tree
ffynnon *hon* (ffynhonnau) *well*
Ffynnon Taf *Taff's Well*
ffynnu *to thrive* ffynnaf; ffynnais;
ffynasom
ffynonellau *gw.* **ffynhonnell**
ffyrc *gw.* **fforc**
ffyrch *gw.* **fforch**
ffyrdd *gw.* **ffordd**
ffyrf *firm*; *solid* fferf
ffyrnaid *hon* (ffyrneidiau) *batch*
ffyrnig *fierce* ffyrniced; ffyrnicach;
ffyrnicaf
ffyrrau *gw.* **ffwr**

G

gadael *to leave* gadawaf; gad:
gedy ef/hi; gadewir; gadewais;
gadawsom

gafael *to grip* gafaelaf; gafael
ef/hi

gafr *hon* (geifr) *goat*

gaing *hon* (geingiau) *chisel*

gair *hwn* (geiriau) *word*

galaru *to grieve* galerir

galw *to call* galwaf; geilw ef/hi;
gelwir; gelwais; galwasom

gallt : allt *hon* (gelltydd : elltydd)
slope (wooded)

gallu *to be able* gallaf; geill : gall
ef/hi; gellir; gellais; gallasom

galluog *gifted* galluoced;
galluocach; galluocaf

gan gennyf fi; gennyt ti; ganddo ef;
ganddi hi; gennym ni; gennych
chi; ganddynt hwy (ganddyn
nhw). Mae 'gan' yn achosi
Treiglad Meddal; gan ei fod yn
dod o'r ffurf 'can' mae'n treiglo ei
hun weithiau: *Y dyn a chanddo
gar coch.*

ganed : ganwyd o geni

gar *hwn* neu *hon* (garrau) *thigh*;
shank

garan *hwn* neu *hon* (garanod)
heron

gardd *hon* (gerddi) *garden*

garddio *to garden* gerddir

garddwrn ffurf ar arddwrn

garej *hwn* neu *hon* (garejys)
garage

garllegen *hon* (garlleg) *garlic*

garrau gw. gar

garsiwn *hwn* (garsiynau)
garrison

gartref *at home* 'adref' = ar y
ffordd i'ch cartref

garw *rough* garwed; garwach;
garwaf; geirw; geirwon

gast *hon* (geist) *bitch*

gau *false* geued; geuach; geuaf
Nid yw 'gau' yn arfer treiglo'n
feddal. Digwydd yn aml o flaen
enw: *Roeddynt yn gau broffwydi
bob un.*

gedy o gadael

gefail *hon* (gefeiliau) *a forge*

gefeiliau gw. gefail a gefel a
gefelen

gefeilliaid *hyn* gw. gefell Mae
'gefeilliaid' yn treiglo'n feddal ar
ôl y fannod: **yr efeilliaid** sy'n
gywir

gefeilltref *hon* (gefeilltrefi) *twin
town*

gefel *hon* (gefeiliau) *tongs*

gefelen *hon* (gefeiliau) *pliers*

gefell (gefeilliaid) *twin* Mae cenedl
yr enw yn newid yn ôl ai merch
neu fachgen yw'r gefell.

gefyn *hwn* (gefynnau) *fetter*

genglo gw. gen(-)glo

geifr gw. gafr

geingiau gw. gaing

geilw o galw

geiriau gw. gair

geirw : geirwon ffurf luosog garw

geiryn *hwn* (geirynnau) *particle*

geist gw. gast

gelen : gele *hon* (gelenod : gelod)

gelw(ir) o galw

gell(ir) o gallu

gelltydd gw. gallt

gellygen *hon* (gellyg) *pear*

gem *hwn* neu *hon* (gemau) *gem*

gêm *hon* (gêmau) *game* Nid yw 'gêm' yn treiglo'n feddal.

gên *hon* (genau) *jaw*

genau *hwn* (geneuau) *mouth*

genau-goeg *hwn* (genau-goegion) *lizard*

geneth *hon* (genethod) *lass*

geneuau gw. **genau**

genfa *hon* (genfâu) *bit*

gen-glo *hwn* *lockjaw*

geni *to give birth* genir; ganed : ganwyd: ganer Dim ond y ffurfiau Amhersonol sy'n cael eu rhedeg.

gennod *lluosog* **hogen**

genn(yf) o **gan**

genwair *hon* (genweiriau) *fishing-rod*

genyn *hwn* (genynnau) *gene*

ger *by* Mae'n dod o ffurf hŷn 'cer' sy'n cael ei dreiglo weithiau: *ger fy mron i a cher ei bron hithau.*

gêr *hwn* neu *hon* (gerau : gêrs) *gear* Nid yw 'gêr' yn treiglo'n feddal.

gerbron *before* Mae'n gallu cael ei dreiglo fel 'ger', ac mae'n cael ei redeg: ger fy mron i; ger dy fron di; ger ei fron ef; ger ei bron hi; ger ein bron ni; ger eich bron chi; ger eu bron hwy/nhw.

gerddi gw. **gardd**

gerllaw *beside* Mae'n cael ei redeg: ger fy llaw i; ger dy law di; ger ei law ef; ger ei llaw hi; ger ein llaw ni; ger eich llaw chi; ger eu llaw hwy/nhw.

gerwin *severe* gerwined; gerwinach; gerwinaf

gesyd o **gosod**

gewyn : giewyn *hwn* (gewynnau : gïau) *sinew*

gïach *hwn* (giächod) *snipe*

gïau gw. **gewyn**

gilotîn *hwn* *guillotine*

gilydd *together* 'ei gilydd' nid '*eu*' sy'n gywir

gitâr *hon* (gitarau) *guitar* Nid yw 'gitâr' yn treiglo'n feddal.

glain *hwn* (gleiniau) *bead*

glan *hon* (glannau : glennydd) *bank*

glân *clean* glaned; glanach; glanaf; glendid

glanfa *hon* (glanfeydd) *landing-place*

glanhau *to clean* glanhaf; glanhânt; glanheir; glanhâi; glanheais; glanhasom; glanhaon ni

glanio *to land* glaniaf; glennir; glaniais

glannau gw. **glan**

glas *blue* glased; glasach; glasaf; gleision; glesni

glasu *to turn blue/green* glesir

glaswelltyn *hwn* (glaswellt) *blade of grass*

glaw *hwn* (glawogydd) *rain* Er bod 'glaw' yn wrywaidd, benywaidd yw cyfeiriad at y tywydd: *Mae hi'n bwrw glaw.*

gleiniau gw. **glain**

gleisiad *hwn* (gleisiaid) eog ifanc *grilse*

gleision ffurf luosog **glas**

glenn(ir) o **glanio**

glennydd gw. **glan**

glew *valiant* glewed; glewach; glewaf; glewion

glob *hon* (globau) Does dim rhaid wrth 'ô'.

glofa *hon* (glofeydd) *colliery*

glöwr *hwn* (glowyr) *collier*

glöyn byw *hwn* (gloÿnnod) *butterfly*

gloyw *bright* gloywed; gloywach; gloywaf; gloywon

glud *hwn* (gludion) *glue*

gludo : gludio *to stick*

glwys *fair* glwysed; glwysach; glwysaf

glyn *hwn* (glynnoedd) *glen*

glŷn o **glynu**

glynu *to stick* glynaf; glŷn ef/hi

Glyn-y-groes *Valle Crucis*

go *rather* Mae'n achosi Treiglad Meddal, ac eithrio 'll', ar ôl 'yn go': *go ddrwg*; *yn go llawn*.

gobaith *hwn* (gobeithion) *hope*

gobennydd *hwn* (gobenyddiau : gobenyddion) *pillow*

godidog *wonderful* godidoced; godidocach; godidocaf

godre *hwn* (godreon : godreuon) *edge*

goddef *to endure* goddefaf; goddef ef/hi

goddiweddyd *to overtake*

gof *hwn* (gofaint) *blacksmith*

gofal *hwn* (gofalon) *care*

gofalu *to take care* gofelir

gofwy *hwn* *tribulation*

gofyn[1] *hwn* (gofynion) *a request*

gofyn[2] *to ask* gofynnaf; gofynnais; gofynasom

gofynnod *hwn* (gofynodau) *question mark*

gofynnol *necessary*

goglais *to tickle* gogleisiaf; goglais ef/hi

gogledd-ddwyrain *hwn north-east*

gogledd-orllewin *hwn north-west*

gogoniant *hwn* (gogoniannau) *splendour*

gogrwn *to sift* gogrynaf; gogrynir; gogrynais

gogwydd *hwn* (gogwyddion) *tendency*

gohebydd *hwn* (gohebwyr : gohebyddion) *correspondent*

gol. golygydd *ed.*

gôl *hon* (goliau : gôls) *goal* Nid yw 'gôl' yn treiglo'n feddal.

golau[1] *hwn* (goleuadau) *a light*

golau[2] *light* goleued; goleuach; goleuaf

golch *hwn* (golchion) *the wash*

golchi *to wash* gylch ef/hi

goleuadau gw. **golau**[1]

goleued; goleuach; goleuaf gw. **golau**[2]

goleudy *hwn* (goleudai) *lighthouse*

gôl-geidwad *hwn* (gôl-geidwaid) *goalkeeper*

golwg[1] *hwn* (golygon) *sight*

golwg[2] *hon* (golygon) *appearance*

golygfa *hon* (golygfeydd) *scene*

golygon gw. **golwg**

gollwng *to release* gollyngaf; gollwng ef/hi; gollyngais

gomedd *to refuse*

gonest *honest* gonested; gonestach; gonestaf

gorau gw. **da** goreuon

gorchmynion gw. **gorchymyn**[1]

gorchmynn(af) gw. **gorchymyn**[2]

gorchmynnol *imperative*

gorchymyn[1] *hwn* (gorchmynion) *command*

gorchymyn[2] *to command* gorchmynnaf; gorchmynnais; gorchymynasom

gordd *hon* (gyrdd) *sledge-hammer*

gorddibynnu *to be overdependent* gorddibynnaf; gorddibynnais; gorddibynasom

goresgyn *to vanquish* goresgynnaf; goresgyn ef/hi; goresgynnais; goresgynasom

goresgynnwr *hwn* (goresgynwyr) *conqueror*

goreuon *lluosog* **gorau**

gorfod *to have to* gorfydd ef/hi; gorfu ef/hi

gorffen *to finish* gorffennaf; gorffennais; gorffenasom

gorffennaf[1] o **gorffen**

Gorffennaf[2] *hwn July*

gorffennol *hwn the past*

gorgyffwrdd *to overlap* gorgyffyrddaf; gorgyffyrddais

gorlenwi *to overfill* gorlanwaf; gorleinw ef/hi; gorlenwir; gorlenwais; gorlanwasom

gorsaf *hon* (gorsafoedd) (*railway/bus*) *station*

gorsaf-feistr *hwn* (gorsaf-feistri) *station-master*

gorthrwm *hwn* (gorthrymau) *oppression*

goruchel *eminent* goruwch; goruchaf

gorwedd *to lie* gorweddaf; gorwedd ef/hi

gorwel *hwn* (gorwelion) *horizon*

gorwyr *hwn* (gorwyrion) *great-grandson*

gorwyres *hon* (gorwyresau) *great-grand-daughter*

goryrru *to speed* goryrraf; goryrrais; goryrasom

gosber *hwn vesper*

gosgordd *hon* (gosgorddion) *retinue*

gosod *to set*; *to put* gesyd ef/hi

gostwng *to lower* gostyngaf; gostwng ef/hi

gradell *hon* (gredyll) *griddle*

graddfa *hon* (graddfeydd) *scale*

graddiant *hwn* (graddiannau) *gradient*

gras *hwn* (grasusau) *grace*

grât *hwn* neu *hon* (gratiau) *grate*

grawn gw. **gronyn**

grawnwinen *hon* (grawnwin) *grape(s)*

gredyll gw. **gradell**

griddfan *hwn* (griddfannau) *a groan*

gronyn *hwn* (gronynnau : grawn) *grain*

groser *hwn* (groseriaid) *grocer*

grugiar *hon* (grugieir) *grouse*

grwn *hwn* (grynnau) nifer o gwysi mewn cae wedi'i aredig

grŵp *hwn* (grwpiau) *group*

grymus *powerful* grymused; grymusach; grymusaf

grynnau gw. **grwn**

gw. gweler *see*

gwacáu *to empty* gwacâf; gwacâ ef/hi; gwacânt; gwaceir; gwaceais; gwacasom

gwaced; gwacach; gwacaf gw. **gwag**

gwachul *feeble*

gwadnu *to sole* gwednir

gwadu *to deny* gwadaf; gwedir

gwadd : gwadden : gwahadden *hon* (gwaddod : gwahaddod) *mole*

gwaed-gynnes *warm-blooded*
gwaedu *to bleed* gwaedaf
gwaedd(af) o **gweiddi**
gwael *poor* gwaeled; gwaelach;
gwaelaf.
gwäell *hon* (gweill: gwëyll)
knitting-needle
gwaeth : gwaethaf gw. **drwg** a
gwael
gwag *empty* gwaced; gwacach;
gwacaf; gweigion
gwagen *hon* (gwageni) *wagon*
gwagio : gwagu *to empty*
gwagiaf; gwegir
gwag-siarad *tittle tattle*
gwahân *apart*
gwahanfa ddŵr *hon*
(gwahanfeydd dŵr) *watershed*
gwahanol *different* Mae
'gwahanol' yn gallu dod o flaen
enw ac achosi Treiglad Meddal
(*Bydd gwahanol bobl ar
ddyletswydd drwy'r nos*), neu ar
ôl enw.
gwahanu *to separate* gwahanaf;
gwahanir
gwahardd *to forbid* gwaharddaf;
gweheirdd ef/hi; gwaherddir;
gwaherddais; gwaharddasom
gwain *hon* (gweiniau) *sheath*
gwair *hwn* (gweiriau : gweirydd)
hay
gwaith[1] *hwn* (gweithiau) *work*
gweithfeydd
gwaith[2] *hon* (gweithiau) *occasion*
gwâl *hon* (gwalau) *lair*
gwalch *hwn* (gweilch) *hawk*
gwallt *hwn* (gwalltiau) *hair (of
head)*
gwan *weak* gwanned; gwannach;
gwannaf; gweinion

gwanaf *hon* (gwanafau :
gwaneifiau) *swath*
gwaneg *hon* (gwanegau : gwenyg)
a billow
gwaneifiau gw. **gwanaf**
gwangalonni *to despair*
gwangalonnaf; gwangalonnais;
gwangalonasom; gwangalonnon
ni
gwanhau *to weaken* gwanhaf;
gwanhânt; gwanheir; gwanhâi;
gwanheais; gwanhasom
gwannaidd *feeble*
gwanned; gwannach; gwannaf
gw. **gwan**
gwanu *to stab* gwenir
gwar *hwn* neu *hon* (gwarrau) *nape*
gwâr *civilized*
gwarantu *to justify*
gwrantaf/gwarantaf; gwarentir
gwarcheidwad *hwn*
(gwarcheidwaid) *keeper*
gwarchodfa *hon* (gwarchodfeydd)
reservation
gware *hwn* neu *hon* *game*
gwared : gwaredu *to rid* gwared
ef/hi
gwargrwm *stooping* gwargrymed;
gwargrymach; gwargrymaf
gwariant *hwn* (gwariannau)
expenditure
gwario *to spend* gwerir; 'gwario'
arian ond 'treulio' amser
gwarrau gw. **gwar**
gwas *hwn* (gweision) *servant*
gwasg[1] *hon* (gweisg) *a press*
gwasg[2] *hwn* neu *hon* (gweisg) *waist*
gwasgar : gwasgaru *to scatter*
gwasgaraf; gwesgyr ef/hi;
gwasgerir; gwasgerais;
gwasgarasom

gwasgedd *hwn* (gwasgeddau) *pressure* 'gwasgedd' aer, ond 'pwysedd' gwaed *a* 'pwysau gwaith'

gwasgfa *hon* (gwasgfeydd) *pang*

gwasgu *to squeeze* gwesgir

gwastad *level* gwastated; gwastatach; gwastataf; gwastadion

gwastatáu : gwastatu *to level* gwastatâf; gwastatâ; gwastatânt; gwastateir; gwastatâi; gwastateais; gwastatasom

gwastraffu *to waste* gwastreffir

gwastrawd *hwn* (gwastrodion) *groom*

gwau : gweu *to weave* gweaf; gwëir; gweais; gweasom; gwëwyd

gwaun *hon* (gweunydd) *moorland*

gwawch *hon* *yell*

gwawl *hwn* *radiance*

gwayw *hwn* (gwewyr) *pang*

gwaywffon *hon* (gwaywffyn) *spear*

gwdihŵ *hon* *owl*

gwddf : gwddwg *hwn* (gyddfau : gyddygau) *neck*

gwe(af) o **gwau**

gwed(ir) o **gwadu**

gwedn ffurf fenywaidd **gwydn**

gweddi[1] *hon* (gweddïau) *prayer*

gwedd(i) o **gweddu**

gweddïo *to pray* gweddïaf; gweddiir; gweddïais; gweddïasom

gweddol *fairly* Daw o flaen ansoddair gan achosi Treiglad Meddal: *gweddol dda*; *gweddol rad.*

gweddu *to suit* gweddi di

gweddw *hon* (gweddwon) *widow*

gweheirdd o **gwahardd**

gwehelyth *hwn* neu *hon* *lineage*

gwehydd : gwëydd *hwn* (gwehyddion) *weaver*

gweiddi *to shout* gwaeddaf; gweiddi di; gwaedd ef/hi; gwaeddir; gwaeddais

gweigion ffurf luosog **gwag**

gweilch gw. **gwalch**

gweilgi *hon* *the deep*

gweill gw. **gwäell**

gweiniau gw. **gwain**

gweinidog *hwn* (gweinidogion) *minister*

gweinion ffurf luosog **gwan**

gwëir o **gwau**

gweiriau : gweirydd gw. **gwair**

gweiryn *hwn* (gwair) *blade of grass*

gweisg gw. **gwasg**

gweision gw. **gwas**

gweithfeydd *industrial works* gwaith

gweithiau gw. **gwaith**

gwêl o **gweld**

gwelâu gw. **gwely**

gweld : gweled *to see* gwêl ef/hi

gwelw *pale* gwelwed; gwelwach; gwelwaf; gwelwon

gwely *hwn* (gwelyau : gwelâu) *bed*

gwell gw. **da**

gwellaif : gwellau *hwn* (gwelleifiau) *shears*

gwelliant *hwn* (gwelliannau) *improvement*

gwelltyn *hwn* (gwellt) *straw*

gwemp ffurf fenywaidd **gwymp**

gwen ffurf fenywaidd **gwyn** *lili wen fach*; 'wennaf Wen'

gwên *hon* (gwenau) *smile*

gwenci *hon* (gwencïod) *weasel*

Gwenfô *Wenvoe*

gwenithen *hon* (gwenith) *wheat*

Gwenllïan enw merch

gwennaf gw. **gwen**

gwennol *hon* (gwenoliaid)
swallow

gwenyg gw. **gwaneg**

gwenynen *hon* (gwenyn) *bee*

gwêr *hwn* **tallow**

gwerdd ffurf fenywaidd **gwyrdd**
deilen werdd

gwern *hon* (gwerni : gwernydd)
alder

gwernen *hon* (gwernenni :
gwernennau) *alder*

gwers *hon* (gwersi) *lesson*

gwersyll *hwn* (gwersylloedd)
camp

gwerth *hwn* (gwerthoedd) *value*

gwerthfawr *precious*
gwerthfawroced;
gwerthfawrocach;
gwerthfawrocaf

gwerthiant *hwn* (gwerthiannau)
sale

gwerthyd *hon* (gwerthydau :
gwerthydoedd) *axle*

gweryd *hwn* *earth*; *grave*

gwerydd *hwn dyn diwair*

gwestai¹ *hwn* (gwesteion) *guest*

gwestai² gw. **gwesty**

gwesty *hwn* (gwestai :gwestyau)
guest-house

gweu gw. **gwau : gweu**

gweunydd gw. **gwaun**

gwëwyd o **gwau**

gwewyr gw. **gwayw**

gwëydd gw. **gwehydd : gwëydd**

gwëyll gw.**gwäell**

gwialen *hon* (gwiail) *cane*

gwibdaith *hon* (gwibdeithiau)
outing

gwiber *hon* (gwiberod) *viper*

gwichiad *hwn* (gwichiaid) *winkle*

gwinau *auburn*

gwinllan *hon* (gwinllannau :
gwinllannoedd) *vineyard*

gwinwydden *hon* (gwinwydd) *vine*

gwir *true* gwired ond dim
'*gwirach*' na '*gwiraf*'. Mae'n cael
ei ddefnyddio o flaen enw i
olygu 'real', ac yn achosi
Treiglad Meddal: *fy ngwir
ddiddordeb.*

gwirion *silly* gwirioned;
gwirionach; gwirionaf

gwirioneddol *true* Fel arfer mae'n
atgyfnerthu ansoddair arall gan
achosi Treiglad Meddal: *yn
wirioneddol dda.*

gwirod *hwn* (gwirodydd) *liquor*

gwisg *hon* (gwisgoedd) *clothing*

gwisgi *nimble*

gwiwer *hon* (gwiwerod) *squirrel*

gwlad *hon* (gwledydd) *country*

Gwlad yr Haf *Somerset*

gwladfa *hon* (gwladfeydd) *colony*

gwladweinydd *hwn*
(gwladweinwyr) *statesman*

gwlân *hwn* (gwlanoedd) *wool*

gwlanen *hon* (gwlanenni) *flannel*

gwlâu gw. **gwely**

gwleb ffurf fenywaidd **gwlyb**

gwledydd gw. **gwlad**

gwlithen *hon* (gwlithod :
gwlithenni) *slug*

gwlyb *wet* gwleb; gwlyped;
gwlypach; gwlypaf; gwlybion

gwlydd *hyn* *stalks*

gwn¹ *hwn* (gynnau) *gun*

gwn² o **gwybod**

gŵn *hwn* (gynau) *gown*
gwn(af) o **gwneud**
gwndwn *hwn ley*
gwnêl : gwnelo o **gwneud**
gwneud : gwneuthur *to do*
  gwnaf; gwnânt; gwneir; gwnâi;
  gwneuthum i; gwnaethom ni
gwniadur *hwn* (gwniaduron)
  thimble
gwnïo *to sew* gwnïaf; gwniir;
  gwnïais
gwobr *hon* (gwobrau : gwobrwyon)
  prize
gŵr *hwn* (gwŷr) *man; husband*
gwrach *hon* (gwrachod :
  gwrachïod) *witch*
gwragedd gw. **gwraig**
gwraidd : gwreiddyn *hwn*
  (gwreiddiau) *root*
gwraig *hon* (gwragedd) *woman*;
  wife
gwrandaw(af) o **gwrando**
gwrant(af) o **gwarantu**
gwrcath : gwrci : gwrcyn *hwn*
  (gwrcathod : gwrcïod :
  gwrcynod) *tom-cat*
gwrêng *hwn common people*
gwreichionen *hon* (gwreichion)
  spark
gwreichionyn *hwn* (gwreichion)
  spark
gwreiddiau gw. **gwraidd :
  gwreiddyn**
gwreiddiol *original* gwreiddioled;
  gwreiddiolach; gwreiddiolaf
gwreiddyn gw. **gwraidd**
gwrendy o **gwrando**
gwresog *hot* gwresoced;
  gwresocach; gwresocaf
gwrol *brave* gwroled; gwrolach;
  gwrolaf; gwrolion

gwron *hwn* (gwroniaid) *brave man*
gwrtaith *hwn* (gwrteithiau)
  fertilizer
gwrthban *hwn* (gwrthbannau)
  blanket
gwrthblaid *hon* (gwrthbleidiau) *the
  opposition*
gwrthdaro *to clash* gwrthdrawaf;
  gwrthdrewir; gwrthdrewais;
  gwrthdrawsom
gwrth-ddweud *to contradict*
  gwrth-ddywedaf; gwrth-ddywed
  ef/hi
gwrthglawdd *hwn* (gwrthgloddiau)
  rampart
gwrthgyferbynnu *to contrast*
  gwrthgyferbynnaf;
  gwrthgyferbynnais;
  gwrthgyferbynasom;
  gwrthgyferbynnon ni
gwrthiant *hwn* (gwrthiannau)
  resistance
gwrthod *to refuse* gwrthyd ef/hi
gwrthodedig *rejected*
  gwrthodediced; gwrthodedicach;
  gwrthodedicaf; gwrthodedigion
gwrthryfel *hwn* (gwrthryfeloedd)
  rebellion
gwrthyd o **gwrthod**
gwrych *hwn* (gwrychoedd) *hedge*
gwrychyn *hwn* (gwrych) *hackle*
gwrysgen *hon* (gwrysg) *haulm*
gwrysgyn *hwn* (gwrysg) *haulm*
gwsberen *hon* (gwsberins :
  gwsberis) *gooseberry*
gwyach *hon* (gwyachod) *grebe*
  yr wyach
gwybedyn *hwn* (gwybed) *midges*
gwybod *to know* (gw. adnabod
  hefyd) gwn; gwyddost; gŵyr
  ef/hi; gwyddys; gwybyddaf;

gwybydd ef/hi; gwybûm i; gwybu
ef/hi; gwypo ef/hi

gwybodaeth *hon* **knowledge**;
information; yr wybodaeth

gwych *excellent* gwyched;
gwychaf

gwydn *tough* gwytned; gwytnach;
gwytnaf; gwedn

gwydraid *hwn* (gwydreidiau)
glassful

gwydryn *hwn* (gwydrynnau)
tumbler

gŵydd[1] *hwn* **presence**

gŵydd[2] *hon* (gwyddau) **goose**
yr ŵydd

gwŷdd[1] *hwn* (gwyddiau) 1. **loom**;
2. **plough**

gwŷdd[2] *hyn* **trees**

gwydd(ai) o **gwybod**

gwyddbwyll *hon* **chess**
y wyddbwyll

Gwyddeleg *hon* **Irish (language)**
yr Wyddeleg

Gwyddeles *hon* **Irishwoman**
yr Wyddeles

gwyddoniaeth *hon* **science**
y wyddoniaeth

gwyddonydd *hwn* (gwyddonwyr)
scientist

gwyddor *hon* (gwyddorau)
rudiment(s); **science**
yr wyddor *the alphabet*

gŵyl *hon* (gwyliau) **holiday**;
festival
Gŵyl Dewi : Gŵyl Ddewi
St David's Day

gwylan *hon* (gwylanod) **seagull**
yr wylan

gwyleidd-dra *hwn* **modesty**

gwyliadwriaeth *hon* **alertness**
yr wyliadwriaeth

gwylnos *hon* (gwylnosau) **vigil**
yr wylnos

gwylog *hon* (gwylogod) **guillemot**
y wylog

gwyll *hwn* **gloom**

gwyllt *wild* gwyllted; gwylltach;
gwylltaf; gwylltion

gwymp *fair* gwemp

gwyn *white* gwen; gwynned;
gwynnach; gwynnaf; gwynion

gŵyn ffurf wedi'i threiglo **cwyn**
(heb ^)

gwŷn *hwn* (gwyniau) **ache**; **rage**

gwynfydedig *blessed*
gwynfydediced; gwynfydedicach;
gwynfydedicaf

gwyniad *hwn* (gwyniaid) pysgodyn
Llyn Tegid

gwynned : gwynnach : gwynnaf
gw. **gwyn**

gwynnin *hwn* **sap-wood**

gwynnu *to whiten* gwynnaf;
gwynnais; gwynasom

gwynnwy *hwn* **albumen**

gwyntyll *hon* (gwyntyllau) **fan**
y wyntyll

gwypo o **gwybod**

gŵyr[1] o **gwybod**

gŵyr[2] *aslant*

gŵyr[3] ffurf wedi'i threiglo **cwyr**
(heb ^)

Gŵyr *Gower*

gwŷr gw. **gŵr**

gwyran *hwn* neu *hon* (gwyrain)
barnacle

gwyrdroëdig *perverted*

gwyrdd *green* gwerdd; gwyrddion

gwyrth *hon* (gwyrthiau) **miracle**
y wyrth

gwyryf : gwyry *hon* (gwyryfon)
virgin y wyryf

gŵys ffurf wedi'i threiglo **cwys**
(heb ^)

gwŷs *hon* (gwysion) *summons*
y wŷs

gwytned; gwytnach; gwytnaf
gw. **gwydn**

gwythïen *hon* (gwythiennau) *vein*
yr wythïen

gyda : gydag *with* Mae 'gyda' yn
achosi Treiglad Llaes ac ei hun
yn gallu treiglo ar ôl 'a': *gyda
thad John*; *a chyda hynny.*
Defnyddiwch 'gyda' i ddynodi
cwmni ac 'â' i ddynodi offeryn.

gyddfau : gyddygau gw. **gwddf :**
gwddwg

gylch o **golchi**

gylfinir *hwn* (gylfinirod) *curlew*

gynau gw. **gŵn**

gynnau[1] gw. **gwn**

gynnau[2] *just now*

gynt *formerly* noson gynt one
night of yore; *noson cynt* the
night before

gyr[1] *hwn* (gyrroedd) *flock* Os yw'n
treiglo'n feddal ysgrifennwch
'yrr': *yn yrr o wartheg.*

gyr[2] o **gyrru** Os yw'n treiglo'n
feddal ysgrifennwch 'yrr': *yr un a
yrr y gyr.*

gyrdd gw. **gordd**

gyrfa *hon* (gyrfaoedd) *career*

gyrru *to drive* gyrraf; gyr ef/hi sy'n
troi yn 'yrr' *o'i dreiglo*; gyrrais;
gyrasom

gyrrwr *hwn* (gyrwyr) *driver*

H

ha *hectar* **ha**

hacred; hacrach; hacraf gw.
hagr

haden *hon* (hadau) *seed*

hadu *to go to seed* hadaf; hedir;
hedais; hadasom

hadyn *hwn* (hadau) *seed*

haearn *hwn* (heyrn) *iron*

haeddiannau gw. **haeddiant**

haeddiannol *deserving*

haeddiant *hwn* (haeddiannau)
merit

hael *generous* haeled; haelach;
haelaf

haen : haenen *hon* (haenau :
haenennau) *layer*

haflug *hwn* neu *hon* *plenty*

hagr *ugly* hacred; hacrach; hacraf

haid *hon* (heidiau) *swarm*

haidd gw. **heidden**

haig *hon* (heigiau) *shoal*

haint *hwn* neu *hon* (heintiau)
disease

halibalŵ :halabalŵ *hwn* neu *hon*
hullabaloo

hallt *salty* hallted; halltach; halltaf;
heilltion

halltu *to salt* helltir

hambwrdd *hwn* (hambyrddau)
tray

hances *hon* (hancesi)
handkerchief

haneri gw. **hanner**

hanes *hwn* (hanesion) *tale*;
history

hanesydd *hwn* (haneswyr)
historian

hanfod *hwn* (hanfodion)
essence

hanner *hwn* (haneri) *half*

hanner tôn *hwn* (hanner tonau)
 semitone
hapus *happy* hapused; hapusach;
 hapusaf
hardd *handsome* hardded;
 harddach; harddaf; heirdd
harddu *to beautify* herddir
harmoni *hwn* (harmonïau)
 harmony
harnais *hwn* (harneisiau) *harness*
hatling *hon* *mite (widow's mite)*
hau *to sow* heuaf; heuir; heuais
haul *hwn* (heuliau) *sun*
hawdd *easy* hawsed; haws;
 hawsaf
hawddgar *amiable* hawddgared;
 hawddgarach; hawddgaraf
hawl¹ *hon* (hawliau) *right*
hawl² o **holi**
hawlfraint *hon* (hawlfreintiau)
 copyright
hawsed; haws; hawsaf gw.
 hawdd
heb hebof fi; hebot ti; hebddo ef;
 hebddi hi; hebom ni; heboch chi;
 hebddynt hwy (hebddyn nhw)
 Mae 'heb' yn achosi Treiglad
 Meddal: *heb fwyd.* a heb
hebog *hwn* (hebogau : hebogiaid)
 hawk
Hebread *hwn* (Hebreaid) *Hebrew*
hebrwng *to accompany*
 hebryngaf
hed gw. **ehedeg**
hedyn *hwn* (hadau) *seed*
heddgeidwad *hwn* (heddgeidwaid)
 policeman
heddwas *hwn* (heddweision)
 policeman
hefyd *also* a hefyd
heffer *hon* (heffrod) *heifer*

heidiau gw. **haid**
heidden *hon* (haidd) *(grain of)*
 barley
heigiau gw. **haig**
heilltion gw. **hallt**
heintiau gw. **haint**
heirdd ffurf luosog **hardd**
hela *to hunt* heliaf
helaeth *extensive* helaethed;
 helaethach; helaethaf
helfa *hon* (helfeydd : helfâu)
 (a) hunt
helgi *hwn* (helgwn) *hound*
helm *hon* 1. (helmau) *helmet*
 2. (helmydd) *rick*
helogan *hon* *celery*
helygen *hon* (helyg) *willow*
helynt *hwn* neu *hon* (helyntion)
 trouble
hell ffurf fenywaidd **hyll**
hemisffer *hon* (hemisfferau)
 hemisphere
hen *old* hyned; hŷn; hynaf. Fel
 arfer daw 'hen' o flaen enw gan
 achosi Treiglad Meddal; os daw
 ar ôl enw mae'n ffordd o
 bwysleisio henaint rhywbeth:
 hen feudy; Beudy Hen.
hen dad-cu : hen-daid *hwn* *great-*
 grandfather
hen fam-gu : hen-nain *hon* *great-*
 grandmother
hendref *hon* (hendrefi)
Hendy-gwyn ar Daf *Whitland*
henebyn *hwn* (henebion) *ancient*
 monument
henffasiwn *old-fashioned*
hen-nain *hon* (hen-neiniau) *great-*
 grandmother
henuriad *hwn* (henuriaid) *elder*
heol : hewl *hon* (heolydd) *road*

hers *hwn* neu *hon* (hersys) *hearse*

hesb ffurf fenywaidd **hysb** *barren*

hesbin : hesben *ewe*

hesgen *hon* (hesg) *sedge*

het *hon* (hetiau) *hat*

heth *hon* *cold spell*

heuaf gw. **hau**

heuldro *hwn* (heuldroeon) *solstice*

heuliau gw. **haul**

heyrn gw. **haearn**

hi *she*; *her* Defnyddir y ffurf fenywaidd i gyfleu'r amhersonol neu'r amhendant ('it' Saesneg): *beth amdani? mynd ati; mae hi'n hwyr.*

hidlen *hon* (hidlenni) *filter*

hil *hon* (hilion : hiloedd) *race*

Hindŵaeth *hon* *Hinduism*

hiniog gw. **rhiniog : yr hiniog**

hinon *hon* *fair weather*

hinsawdd *hwn* neu *hon* (hinsoddau) *climate*

hir *long* cyhyd; hwy; hwyaf; hirion

hirgrwn *oval* **hirgron** ffurf fenywaidd

hirlwm cyfnod ar ddiwedd y gaeaf o fyw yn fain

hirymarhous *long-suffering*

hithau *she too*; *her too* Fel 'hi' mae'n gallu cael ei defnyddio i gyflwyno '*it*' Saesneg.

hobi *hwn* (hobïau) *hobby*

hoced *hwn* neu *hon* *chicanery*

hoedl *hon* *lifetime*

hoel : hoelen *hon* (hoelion) *nail*

hoelbren *hwn* (hoelbrennau) *dowel*

hoff Pan ddaw o flaen enw, e.e. *fy hoff* (favourite) *lyfr*, mae'n achosi Treiglad Meddal. Pan ddaw ar ôl enw ei ystyr yw *dear*. *Ddarllenydd hoff.*

hogen : hogan *hon* (hogennod : gennod) *lass*

hogyn *hwn* (hogiau) *lad*

holi *to question* hawl ef/hi

holl *all* Mae'n dod o flaen enw ac yn achosi Treiglad Meddal: *yr holl bobl*; daw 'oll' ar ôl yr enw.

hollol *entire* yn y ffurf 'yn hollol' erbyn hyn

hollti *to split* hyllt ef/hi

honni *to allege* honnaf; honnais; honasom

hosan *hon* (hosanau : sanau) *sock*

hosanna *hosanna*

hoyw *gay (gwrywgydiaeth)* hoywed; hoywach; hoywaf; hoywon

huawdl *eloquent* huotled; huotlach; huotlaf

hufenfa *hon* (hufenfeydd) *creamery*

hugain 'ugain' wedi'i dreiglo *un ar hugain*

hugan[1] *hon* (huganau) *cloak*

hugan[2] *hwn* *gannet*

huling *hon* *a covering*

hunan-barch *hwn* *self-respect*

hunangofiant *hwn* (hunangofiannau) *autobiography*

huotled : huotlach : huotlaf gw. **huawdl**

hur-bwrcas *hwn* *hire-purchase*

hurtyn *hwn* (hurtynnod) *idiot*

hwch *hon* (hychod) *sow*

hwiangerdd *hon* (hwiangerddi) *nursery rhyme*

hwnnw *that*

hwrdd *hwn* (hyrddod) *ram*
hwsmon *hwn* (hwsmyn)
   husbandman
hwy[1] : **nhw** *them*
hwy[2] gw. **hir**
hwyad : hwyaden *hon* (hwyaid)
   duck
hwyaf gw. **hir**
hwyaid gw. **hwyad : hwyaden**
hwyhau *to lengthen* hwyhaf;
   hwyhânt; hwyheir; hwyhâi;
   hwyheais; hwyhasom; hwyhaon
   ni
hwylbren *hwn* (hwylbrennau :
   hwylbrenni) *mast*
hwynt-hwy *themselves*
hwyr *late* hwyred; hwyrach; hwyraf
hwyrddyfodiad *hwn*
   (hwyrddyfodiaid) *latecomer*
h.y. *hynny yw i.e.*
hy : hyf *bold* Mae'n odli â 'tŷ'.
hybarch *very reverend* Daw o
   flaen gair gan achosi Treiglad
   Meddal: *Hybarch Dad.*
hychod gw. **hwch**

hyd hyd-ddo ef; hyd-ddi hi; hyd-
   ddynt hwy Mae'n achosi
   Treiglad Meddal: *hyd Ddydd y*
   Farn; ond nid felly 'ar hyd': *ar*
   hyd glyn cysgod angau.
hydd *hwn* (hyddod) *stag*
hyfryd *lovely* hyfryted; hyfrytach;
   hyfrytaf
hyfforddwraig *hon*
   (hyfforddwragedd) *instructress*
hyll *ugly* hell; hylled; hyllach;
   hyllaf; hyllion
hyllt o **hollti**
hŷn : hynaf gw. **hen**
hynaws *genial* hynawsed;
   hynawsach; hynawsaf
hyned gw. **hen**
hynny *those*; *that*
hynod *remarkable* hynoted;
   hynotach; hynotaf
hyrddod gw. **hwrdd**
hysb *barren* hesb; hysbion
hysbysfwrdd *hwn*
   (hysbysfyrddau) *notice-board*

I

i[1] *to* imi/i mi; iti/i ti; iddo ef; iddi hi;
   inni/i ni; ichi/i chi iddynt
   hwy/iddyn nhw Mater o bwyslais
   yw **imi** neu **i mi** etc: *i ti mae'r*
   anrheg; *dyna drueni iti fynd y*
   diwrnod hwnnw. Mae 'i' yn
   achosi Treiglad Meddal.
i[2] *me*; *my* Defnyddiwch 'fi' neu 'i' ar
   ôl ffurf yn gorffen ag 'f' ac 'i' bob
   tro arall: *af fi/i*; *rhedais i.*
iâ *hwn ice*
iach *healthy* iached; iachach;
   iachaf (ffit ac iach)

iachâd *cure*
iacháu *to make better* iachâf;
   iachâ; iachânt; iacheir; iachâi;
   iacheais; iachasom
iachus *bracing* iachused;
   iachusach; iachusaf
iäen *hon* (iaënnau) *sheet of ice*
iaith *hon* (ieithoedd) *language*
   (llên ac iaith)
iâr *hon* (ieir) *hen* (ceiliog ac iâr)
iard *hon* (iardiau : ierdydd) *yard*
iarll *hwn* (ieirll) *earl*
iau[1] *hon* (ieuau : ieuoedd) *yoke*

iau

iau² *hwn* (ieuau) *liver*
iau³ gw. ifanc
Iau *hwn* **Thursday**
iddi; iddo; iddynt gw. i
ieir gw. iâr
ieirll gw. iarll
ieithoedd gw. iaith
ierdydd gw. iard
ieuanc : ifanc *young* ieued; iau;
    ieuaf; ieuangaf; ieuainc; ifainc
ieuau gw. iau²
ieuenctid *hwn* **youth**
ieuoedd gw. iau¹
ifainc gw. ieuanc : ifanc
ig *hwn* (igion) *hiccup*
iglw *hwn* (iglŵau : iglws) *igloo*
ing *hwn* (ingoedd) *anguish*
impyn *hwn* (impiau) *sprout*; *graft*
Indiad *hwn* (Indiaid) *Indian*
innau gw. minnau
iòd gw. iot : iòd
ioio *hwn* **yo-yo** (doli ac ioio)
Iôn : Iôr *hwn* **Lord**
ïon *hwn* (iônau) *ion*
iot : iòd *hwn* **jot**; *iota*
ir : iraidd *succulent* ireiddied;
    ireiddiach; ireiddiaf
iraid *hwn* (ireidiau) *lubricant*

is gw. isel
is--- *sub---*; *vice---* Mae'n arferol
    rhoi cyplysnod ar ôl 'is---' mewn
    termau swyddogol: *is-bwyllgor*;
    is-lywydd; ond nid mewn geiriau
    eraill: *isnormal*; *Isalmaenwr*.
isadran *hon* (isadrannau)
    subsection
isaf gw. isel
isafswm *hwn* (isafsymiau)
    minimum
is-bwyllgor *hwn* *sub-committee*
isel *low* ised; is; isaf; iselion
iseldir *hwn* (iseldiroedd) *lowland*
iselhau *to lower* iselhaf; iselhânt;
    iselheir; iselhâi; iselheais;
    iselhasom
is-gapten *hwn* (is-gapteiniaid)
    lieutenant
is-iarll *hwn* (is-ieirll) *viscount*
islais *hwn* (isleisiau) *undertone*
isobar *hwn* (isobarrau) *isobar*
isrannu *to subdivide* isrannaf;
    isrennir; isrannais; isranasom;
    isrannon ni
ithfaen *hwn* (ithfeini) *granite*
iwrch *hwn* (iyrchod) *roebuck*

J

J *joule* **J**
jac-y-do *hwn* **jackdaw**
jar *hon* (jariau)
jariaid *hon* (jareidiau) *jarful*
jazz *hwn* *jazz*
jêl *hon* *jail*
jibidêrs *smithereens*
ji-binc *hwn* (jibincod) *chaffinch*
jigso : jig-so *hwn* *jigsaw puzzle*
jîns *hwn* *jeans*

jiráff *hwn* (jiraffod) *giraffe*
jiwbilî *hwn* neu *hon* (jiwbilïau)
    jubilee
jòb *hon* (jobsys) *job*
jôc *hon* (jôcs) *joke*
jocôs *contented*
jolihoetio : jolihoitio *to gallivant*
jŵg *hwn* neu *hon* (jygiau) *jug*
jygaid *hwn* *jugful*
jyngl *hwn* (jyngloedd) *jungle*

64

K

k *kilo* **k**
karate *hwn* **karate**
kg *kilogram* **kg**
kilo *hwn* **kilo**
kilobeit *hwn* (kilobeitiau) **kilobyte**
kilogram *hwn* (kilogramau)
   kilogram

kilolitr *hwn* (kilolitrau) **kilolitre**
kilometr *hwn* (kilometrau)
   kilometre
kilowat *hwn* (kilowatiau) **kilowatt**
kl *kilolitr* **kl**
km *kilometr* **km**

L

l *litr* **l**
labordy *hwn* (labordai) **laboratory**
lafa *hwn* (lafâu) **lava**
lagŵn *hwn* (lagwnau) **lagoon**
lama *hwn* (lamaod) **llama**
larfa *hwn* (larfae) **larva**
larts **conceited**
larwm *hwn* (larymau) **alarm**
las *hwn* (lasys) **lace**
lasŵ *hwn* **lasso**
law yn llaw **hand-in-hand**
lecsiwn *hon* (lecsiynau) **election**
ledled **throughout**
lefren *hon* (lefrod) **leveret**
leming *hwn* (lemingiaid) **lemming**
lemonêd : lemwnêd *hwn*
   lemonade
les¹ *hon* (lesoedd) **lease**

les² *hon* (lesau) **lace**
letysen *hon* (letys) **lettuce**
libart *hwn* **mountain pasture**
lifrai *hwn neu hon* (lifreiau) **livery**
ling-di-long : linc-di-lonc
   leisurely
lili *hon* (lilïau) **lily**
lindysen *hon* (lindys) **caterpillar**
lindysyn *hwn* (lindys) **caterpillar**
lintel *hon* (lintelydd) **window-sill**
lobi *hwn neu hon* (lobïau) **lobby**
locust *hwn* (locustiaid) **locust**
lòg *hwn* (logiau) **log**
lolfa *hon* (lolfeydd) **lounge**
lôn *hon* (lonydd) **lane**
lorri *hon* (lorïau) **lorry**
lwmp(yn) *hwn* (lympiau) **lump**

Ll

llabwst *hwn* (llabystiau) **lout**
llac **slack** llaced; llacach; llacaf
llacio **to slacken** llecir
lladron *gw.* lleidr
lladd **to kill** lladdaf; lleddir;
   lleddais; lladdasom; lladdon ni
lladd-dy *hwn* (lladd-dai) **abattoir**

llaes **flowing** llaesed; llaesach;
   llaesaf
llaethdy *hwn* (llaethdai) **dairy**
llafarganu **to chant** llafarganaf;
   llafargenir; llafargenais;
   llafarganasom
llafariad *hon* (llafariaid) **vowel**

llai gw. **bach; bychan; ychydig**

llain *hon* (lleiniau) *strip (of land)*

llais *hwn* (lleisiau) *voice*

llaith *damp* lleithed; lleithach; lleithaf

llall *other* (lleill)

llamhidydd *hwn* (llamidyddion) *porpoise*

llamu *to leap* llamaf; llemir; llemais; llamasom

llan *hon* (llannau) *(parish) church*

Llanbedr Pont Steffan *Lampeter*

Llanfair-ym-Muallt *Builth Wells*

Llanilltud Fawr *Llantwit Major*

llannerch *hon* (llennyrch) *glade*

llanw *to fill* llanwaf; lleinw ef/hi; llenwir; llenwais; llanwasom

llariaidd *benign* llarieidded; llarieiddach; llarieiddaf

llarwydden *hon* (llarwydd) *larch*

llatai *hwn* (llateion) negesydd cariad

llath : llathen *hon* (llathau : llathenni) *yard*

llathaid *hon* (llatheidi : llatheidiau) *yard's length*

llathraid : llathraidd *glossy* llathreiddied; llathreiddiach; llathreiddiaf

llau gw. **lleuen**

llaw *hon* (dwylo : dwylaw) *hand*

llawchwith *left-handed*

llawdde *right-handed*

llawenhau *to rejoice* llawenhaf; llawenhânt; llawenheir; llawenhâi; llawenheais; llawenhasom

llawes *hon* (llewys) *sleeve*

llaw-fer *hon* *shorthand*

llawforwyn *hon* (llawforynion) *maidservant*

llawn[1] *full* llawned; llawnach; llawnaf Pan olyga 'llawn' o flaen enw *yn llawn o* does dim Treiglad Meddal ar ei ôl: *Roedd ei chwarae yn llawn tân.* Pan olyga *eithaf*, neu *fwyaf* ceir Treiglad Meddal: *Bydd yn cyrraedd ei lawn dwf ymhen tair blynedd.*

llawn[2] *quite (as)* Does dim treiglad yn ei ddilyn: *Mae hi llawn cynddrwg â'i brawd.*

llawr *hwn* (lloriau) *floor*

LICLI *Lluosrif Cyffredin Lleiaf* *LCM*

lle *hwn* (lleoedd : llefydd) *place*

llecyn *hwn* (llecynnau) *spot*

llech : llechen *hon* (llechi) *slate*

llechfaen *hwn* neu *hon* (llechfeini) *slate*

lled[1] *hwn* *width*

lled[2] *fairly* Mae'n achosi Treiglad Meddal ac eithrio 'll' yn dilyn 'yn lled': *lled ddrwg; lled lawn* ond *yn lled llawn.*

lled-ddargludydd *hwn* (lled-ddargludyddion) *semiconductor*

lleden *hon* (lledod) *plaice*

llednais *courteous* lledneised; lledneisach; lledneisaf

lled-orwedd *to recline*

lledd(ir) o **lladd**

llefaru *to speak* llefaraf; llefair ef/hi; lleferir; lleferais; llefarasom

llefelyn : llyfelyn *hwn* (llefelynod) *sty*

llefn ffurf fenywaidd **llyfn** *carreg lefn*

llefydd gw. **lle**

llegach *feeble*

lleiaf gw. **bach; bychan** ac
  ychydig
lleiafswm hwn (lleiafsymiau)
  minimum
lleian hon (lleianod) *nun*
lleiandy hwn (lleiandai) *nunnery*
lleidr hwn (lladron) *thief*
lleiddiad hwn (lleiddiaid) e.e.
  chwynleiddiad *(weed-)killer*
lleied gw. **bach; ychydig**
lleihau *to lessen* lleihaf; lleihânt;
  lleiheir; lleihâi; lleiheais;
  lleihasom
lleill gw. **llall**
lleiniau gw. **llain**
lleinw o **llanw : llenwi**
lleisiau gw. **llais**
lleithed; lleithach; lleithaf
  gw. **llaith**
llem ffurf fenywaidd **llym** ongl lem
llem(ir) o **llamu**
llen hon (llenni) *curtain*
llên hon *literature*
llên-ladrad hwn (llên-ladradau)
  plagiarism
llenni gw. **llen**
llennyrch gw. **llannerch**
llenor hwn (llenorion) *author*
llenw(ir) o **llanw**
lles hwn *benefit*
llesâd hwn *benefit*
llesáu *to be of benefit*
llesg *weak* llesged; llesgach;
  llesgaf
llesgáu *to weaken* llesgâf; llesgâ;
  llesgânt; llesgeir; llesgâi;
  llesgeais; llesgasom; llesgaon ni
llesmair hwn (llesmeiriau) *swoon*
llestair hwn (llesteiriau)
  obstruction
llestr hwn (llestri) *dish; vessel*

lleted; lletach; lletaf gw. **llydan**
lle tân hwn (llefydd tân) *fireplace*
lleuen hon (llau) *louse*
lleurith hwn (lleurithiau) *mirage*
llew hwn (llewod) *lion*
llewpart hwn (llewpartiaid)
  leopard
llewyg hwn (llewygon) *swoon*
llewys gw. **llawes**
lleyg *lay (yng nghyd-destun
  eglwys etc.)*
LlGC Llyfrgell Genedlaethol Cymru
  NLW
lliain hwn (llieiniau) *towel; linen*
llidiart hwn neu hon (llidiardau)
  gate
llieiniau gw. **lliain**
llif[1] : **lli** hwn (llifogydd) *current*
llif[2] hon (llifiau) *saw*
llifanu *to whet* llifanaf; llifenir;
  llifenais; llifanasom
llifio *to saw*
llifion gw. **llifyn**
llifo[1] *to gush*
llifo[2] *to dye*
llifo[3] *to whet*
llifogydd gw. **llif**[1]
llifolau hwn (llifoleuadau)
  floodlight
llifyn hwn (llifynnau) *dye*
llilin *streamlined* lililned; lililinach;
  lililinaf
lliniaru *to alleviate* lliniaraf;
  llinierir; llinierais; lliniarasom
llinos hon (llinosod) *linnet*
llinyn hwn (llinynnau) *string*
llinynnol *stringed (am offerynnau)*
llipa *limp* lliped; llipach; llipaf
llipryn hwn (lliprynnod) *weakling*
llith[1] hon (llithau : llithoedd) *lesson
  (eglwysig)*

llith[2] *hwn* (llithiau) *mash*

llithio *to entice*

llo (lloi : lloeau) *calf* Mae'n air sy'n gallu newid cenedl yn ôl rhyw y creadur y sonnir amdano: *llo fenyw*, *llo gwryw*.

lloeren *hon* (lloerenni : lloerennau) *satellite*

lloergan *hwn* *moonlight*

llofr ffurf fenywaidd **llwfr**

llofrudd *hwn* (llofruddion) *murderer*

llofft *hon* (llofftydd) *upstairs*

lloi gw. **llo**

llom ffurf fenywaidd **llwm**

llon *happy* llonned; llonnach; llonnaf

llongyfarch *to congratulate* llongyferchir

llongyfarchiad *hwn* (llongyfarchiadau : llongyfarchion) *congratulation*

llonned; llonnach; llonnaf gw. **llon**

llonni *to cheer* llonnaf; llonnir; llonnais; llonasom

llonnod *hwn* (llonodau) *sharp (cerddoriaeth)*

lloriau gw. **llawr**

llosgi *to burn* llysg ef/hi

llostlydan *hwn* (llostlydanod) *beaver*

llsgr. *llawysgrif ms*

llucheden *hon* (lluched) *thunderbolt*

llugoer *tepid* llugoered; llugoerach; llugoeraf

llungopi *hwn* (llungopïau) *photocopy*

lluniadu *to draw* lluniadaf; lluniedir; lluniedais; lluniadasom

lluniaidd *graceful* llunieidded; llunieiddach; llunieiddaf

llunio *to fashion* lluniaf; llunnir; lluniais

lluosog *numerous* lluosoced; lluosocach; lluosocaf

lluoswm *hwn* (lluosymiau) *product (mathemateg)*

llurgunio *to distort* llurguniaf; llurgunnir; llurguniais; llurguniasom

llurs *hon* (llursod) *razorbill*

llusen *hon* (llus : llusi) *whinberry*

llusgo *to drag* llusg ef/hi

lluwch *hwn* (lluwchfeydd) *snow-drift*

llw *hwn* (llwon) *oath*

llwdn *hwn* (llydnod) *anifail ifanc*

llwfr *cowardly* llofr

llwm *bare* llom; llymed; llymach; llymaf; llymion

llwnc o **llyncu**

llwyaid *hon* (llwyeidiau) *spoonful*

llwyd *grey* llwyted; llwytach; llwydion

llwyddiannus *successful*

llwyddiant : llwydd *hwn* (llwyddiannau) *success*

llwyfan *hwn* neu *hon* (llwyfannau) *stage*

llwyfannu *to stage* llwyfannaf; llwyfennir; llwyfannais; llwyfanasom

llwyfen *hon* (llwyf) *elm*

llwyn[1] *hwn* (llwyni) *grove*

llwyn[2] *hon* (llwynau) *loin*

llwynog *hwn* (llwynogod) *fox*

llwyr *complete* Mae'n achosi Treiglad Meddal pan ddaw o flaen gair: *wedi llwyr wella*.

llwyted; llwytach gw. **llwyd**

llwyth[1] *hwn* (llwythi) **load**
llwyth[2] *hwn* (llwythau) **tribe**
Llychlynnwr *hwn* (Llychlynwyr)
Viking
llydain ffurf luosog **llydan**
llydan *wide* lleted; lletach; lletaf;
llydain
llyfn *smooth* llefn; llyfned;
llyfnach; llyfnaf; llyfnion
llyfnhau *to smooth* llyfnhaf;
llyfnhânt; llyfnheir; llyfnhâi;
llyfnheais; llyfnhasom
llyfrbryf *hwn* (llyfrbryfed)
bookworm
llyfrgellydd *hwn* (llyfrgellwyr)
librarian
llyfrithen *hon* (llyfrithod) *sty*
llyfryn *hwn* (llyfrynnau) **booklet**
llyfu *to lick* llyf ef/hi
llyffant *hwn* (llyffantod) **1.** *toad*;
2. *frog*
llyg *hwn* **shrew**
llygad *hwn* neu *hon* (llygaid) *eye*
llygad maharen *hwn* (llygaid
meheryn) *limpet*
llygad y dydd *hwn* (llygaid y dydd)
daisy
llygad-dynnu *to attract*
llygad-dyst *hwn* (llygad-dystion)
eyewitness
llygadu *to eye* llygadaf; llygedir
llygaid gw. **llygad**
llygoden *hon* (llygod) *mouse*
llygoden fawr *hon* (llygod mawr)
rat
llygoden gota *hon* (llygod cwta)
guinea-pig
llyngyren *hon* (llyngyr)
tapeworm

llym *sharp* llem; llymed; llymach;
llymaf; llymion
llymed; llymach; llymaf; gw. **llwm**
a **llym**
llymaid *hwn* (llymeidiau) *sip*
llymarch *hwn* (llymeirch) *oyster*
llymion gw. **llwm** a **llym**
llyn *hwn* (llynnoedd) *lake*
llyo *to lick*
llys *hwn* (llysoedd) *court*
llyschwaer *hon* (llyschwiorydd)
stepsister
llysfab *hwn* (llysfeibion) *stepson*
llysfrawd *hwn* (llysfrodyr)
stepbrother
llysg o **llosgi**
llysgenhadaeth *hon*
(llysgenadaethau) *embassy*
llysgennad *hwn* (llysgenhadon)
ambassador
llysieuyn *hwn* (llysiau) *plant*
llysleuen *hon* (llyslau) *aphid*
llysysydd *hwn* (llysysyddion)
herbivore
llyswen *hon* (llyswennod :
llysywod) *eel*
llythrennau gw. **llythyren**
llythrennedd *hwn* **literacy**
llythrennog *literate*
llythrennol *literal*
llythrennu *to inscribe* llythrennaf;
llythrennais; llythrenasom
llythyr *hwn* (llythyrau : llythyron)
letter
llythyrdy *hwn* (llythyrdai) *post
office*
llythyren *hon* (llythrennau) *letter*
llywydd *hwn* (llywyddion)
president

M

m *metr*

'm *my*; *me*; *I* Mae'n achosi 'h' o flaen llafariad: *fy nhad a'm hewythr*, *ef a'm hanfonodd*.

mab *hwn* (meibion) *son*

mabwysiadu *to adopt* mabwysiedir

macrell *hwn* neu *hon* (mecryll) *mackerel*

macwy *hwn* (macwyaid) *page (boy)*

mach *hwn* (meichiau) *surety*

mad *seemly*

madfall *hon* (madfallod) *lizard*

maddau *to forgive* maddeuaf; maddeuais; maddeuasom

mae o **bod** ac mae (nid '*a*' mae)

maen[1] *hwn* (main : meini) *stone*

maen[2] o **bod** (maen nhw)

maer *hwn* (meiri) *mayor*

maes *hwn* (meysydd) *field*

maestref *hon* (maestrefi) *suburb*

mafonen *hon* (mafon) *raspberry*

magïen *hon* (magïod) *glow-worm*

maglu *to snare* meglir

magu *to breed* magaf; mag ef/hi; megir; megais; magasom

magwyr *hon* (magwyrydd) *wall*

maharen *hwn* (meheryn) *ram*

mai *that* ac mai (nid '*a*' mai) Os ydych yn ansicr p'un ai *mai* neu *mae* sy'n gywir, cofiwch ei bod hi'n bosibl newid *mai* am y gair *taw*.

maidd[1] *hwn* **whey**

maidd[2] o **meiddio**

main[1] *thin* meined; meinach; meinaf; meinion

main[2] gw. **maen**

mainc *hon* (meinciau) *bench*

maint *hwn* (meintiau) *size*

maip gw. **meipen**

maith *long* meithed; meithach; meithaf; meithion

malu *to grind* malaf; mâl ef/hi; melir; melais; malasom

malwen : malwoden *hon* (malwod) *snail*

mall *blasted*

mam-gu *hon* *grandmother*

mamog *hon* (mamogiaid) *dafad feichiog* (pregnant) *ewe*

mamolyn *hwn* (mamolion) *mammal*

man[1] *hwn* (mannau) *place*

man[2] *hon* yn y fan *immediately*

mân *small* maned; manach; manaf; manion

mandwll *hwn* (mandyllau) *pore*

maneg *hon* (menig) *glove*

mangre *hon* (mangreoedd) *place*

manion ffurf luosog **mân**

manna *hwn* *manna*

mannau gw. **man**

mantais *hon* (manteision) *advantage*

mantell *hon* (mentyll) *mantle*

mantol *hon* (mantolion) *balance*

mantolen *hon* (mantolenni) *balance-sheet*

mân-werthu *to retail*

mân-werthwr *hwn* (mân-werthwyr) *retailer*

manwl *detailed* manyled; manylach; manylaf

manylrwydd : manyldeb : manylder : manyldra *hwn* *the detail*

manylyn *hwn* (manylion) *a detail*

marblen *hon* (marblis : marblys)
   marble

march *hwn* (meirch) *stallion*

marchnad *hon* (marchnadoedd)
   market

marchog *hwn* (marchogion)
   knight

marchogaeth *to ride* merchyg
   ef/hi

margarîn *hwn margarine*

marmalêd *hwn marmalade*

marsiandïaeth *hon merchandise*

marsiandïwr *hwn* (marsiandïwyr)
   merchant

marswpial *hwn* (marswpialod)
   marsupial

marw[1] *to die* bu farw (nid
   '*marwodd*') sy'n gywir

marw[2] *dead* marwed; meirw

marworyn *hwn* (marwor) *ember*

màs *hwn* (masau) *mass (physics)*

masarnen *hon* (masarn) *maple*

masiwn *hwn* (masiyniaid) *mason*

mater *hwn* (materion) *matter*

matras *hwn* neu *hon* (matresi)
   mattress

matsen *hon* (matsys) *match*

math[1] *hwn* (mathau) *sort*

math[2] *hon such* Mae'n achosi
   Treiglad Meddal pan ddaw o
   flaen enw: *y fath ddyn*; *y fath le*.

mawl[1] *hwn worship*

mawl[2] o moli

mawnog *hon* (mawnogydd) *peat-
   bog*

mawr *big* cymaint; mwy; mwyaf;
   mawrion Pan fydd 'mawr' yn
   cyfeirio at absenoldeb neu
   ddiffyg maint, mae'n treiglo'n
   feddal ac yn achosi Treiglad

Meddal: *fawr o beth*; *fawr ddim*;
   fawr well.

MC *Methodist(iaid) Calfinaidd*

mecanwaith *hwn* (mecanweithiau)
   mechanism

mecryll gw. **macrell**

mechnïaeth *hon bail*

medi *to reap* med ef/hi

medrydd *hwn* (medryddion)
   gauge

medd[1] *hwn mead*

medd[2] : **meddai** ac medd; ac
   meddai (nid '*a*' medd/meddai)
   says : *said*

medd[3] o **meddu**

meddal *soft* meddaled;
   meddalach; meddalaf

meddalu *to soften* meddalaf;
   meddelir; meddelais;
   meddalasom

medd-dod : **meddwdod** *hwn
   intoxication*

meddiannau gw. **meddiant**

meddiannu *to take possession
   of* meddiannaf; meddiennir;
   meddiennais; meddianasom

meddiant *hwn* (meddiannau)
   possession

meddu *to possess* medd ef/hi

meddw *drunk* meddwed;
   meddwach; meddwaf

meddwl[1] *hwn* (meddyliau) *the
   mind*

meddwl[2] *to think* meddyliaf;
   meddwl ef/hi

meddyg *hwn* (meddygon) *doctor*

meddygfa *hon* (meddygfeydd)
   surgery

meddyl(iaf) o **meddwl**

meddyliau gw. **meddwl**

mefusen *hon* (mefus) *strawberry*

meg(ir) o **magu**
megis *like* ac megis (nid '*a megis*')
meheryn gw. **maharen**
meibion gw. **mab**
meichiad *hwn* (meichiaid) *swine-herd*
meichiau gw. **maich**
meiddio *to dare* maidd ef/hi
meillionen *hon* (meillion) *clover*
meinciau gw. **mainc**
meined; meinach; meinaf gw. **main**
meini gw. **maen**[1]
meinion gw. **main**
meinir *hon maiden*
meintiau gw. **maint**
meinwe *hwn* (meinweoedd) *tissue*
meinwen *hon maiden*
meipen *hon* (maip) *swede*
meirch gw. **march**
meiri gw. **maer**
meirw : meirwon ffurf luosog **marw**[2]
meistr *hwn* (meistri : meistriaid) *master*
meistres *hon* (meistresi) *mistress*
meitin *hwn some time*
meithed; meithach; meithaf; meithion gw. **maith**
meithrinfa *hon* (meithrinfeydd) *nursery*
melen ffurf fenywaidd **melyn** *ffrog felen*
melfaréd *hwn corduroy*
mel(ir) o **malu**
melodi *hon* (melodïau) *melody*
melyn *yellow* melen; melyned; melynach; melynaf; melynion
melys *sweet* melysed; melysach; melysaf; melysion
mellten *hon* (mellt) *lightning*

melltennu *to flash* melltennaf; melltennais; melltenasom
melltith *hon* (melltithion) *curse*
memrwn *hwn* (memrynau) *parchment*
men *hon* (menni) *wagon*
menig gw. **maneg**
menni gw. **men**
mentyll gw. **mantell**
menu : mennu *to influence*
menyw *hon* (menywod) *woman*
merch *hon* (merched) *girl; daughter*
merchetaidd *effeminate*
merchyg o **marchogaeth**
merddwr *hwn* (merddyfroedd) *stagnant water*
merfaidd *insipid* merfeidded; merfeiddach; merfeiddaf
merlen *hon* (merlod) *merlyn benyw*
merlyn *hwn* (merlod) *pony*
merllysen *hwn* (merllys : merllysiau) *asparagus*
merthyr *hwn* (merthyron) *martyr*
mesen *hon* (mes) *acorn*
mesurydd *hwn* (mesuryddion) *meter*
methiant *hwn* (methiannau) *failure*
Methodist *hwn* (Methodistiaid) *Methodist*
meudwy *hwn* (meudwyaid : meudwyod) *hermit*
mewnbwn *hwn* (mewnbynnau) *input*
mewnforion gw. **mewnforyn**
meysydd gw. **maes**
mg *miligram mg*
mi Mae'n achosi Treiglad Meddal: *Mi welais jac-y-do.*
miaren *hon* (mieri) *bramble*

microbrosesydd *hwn* (microbrosesyddion) *microprocessor*

microdon *hon* (microdonnau) *microwave*

microgyfrifiadur *hwn* (microgyfrifiaduron) *microcomputer*

mieri gw. **miaren**

mignen *hon* (mignenni) *marsh*

migwrn *hwn* (migyrnau) *ankle*; *knuckle*

mil[1] *hwn* (milod) *animal*

mil[2] *hon* (miloedd) *thousand* 'Y mil blynyddoedd' yw'r ffordd i gyfeirio at 1,000 o flynyddoedd.

milain : mileinig *vicious* mileined; mileinach; mileinaf

milfeddyg *hwn* (milfeddygon) *vet*

milgi *hwn* (milgwn) *greyhound*

miliast *hon* (milieist) *milgi benyw*

miliwn *hon* (miliynau) *million*

miliwnydd : miliynydd *hwn* (miliynyddion) *millionaire*

mill gw. **millyn**

milltir *hon* (milltiroedd) *mile*

millyn *hwn* (mill) *violet*

min *hwn* (minion) *edge*

minigyfrifiadur *hwn* (minigyfrifiaduron) *minicomputer*

miniog *sharp* minioced; miniocach; miniocaf

minnau : finnau : innau minnau; tithau; yntau; hithau; ninnau; chwithau; hwythau *I for my part* Defnyddiwch 'finnau' ac 'innau' ar ôl berf; 'finnau' pan fydd 'f' yn y terfyniad: *Ni chanaf finnau chwaith*; 'innau' pan na fydd 'f': *Mi welais innau hefyd*.

mintai *hon* (minteioedd) *troop*

minws *hwn* (minysau) *minus*

mirain *fair* mireinied; mireiniach; mireiniaf

mis *hwn* (misoedd) *month*

misglen *hon* (misgl) *mussel*

misolyn *hwn* (misolion) *(monthly) magazine*

ml *mililitr ml*

mm *milimetr mm*

mo (sef 'dim o') mohonof; mohonot; mohono; mohoni; mohonom; mohonoch; mohonynt

moch gw. **mochyn**

mochaidd *filthy*

mochyn *hwn* (moch) *pig*

mochynnaidd *filthy*

modfedd *hon* (modfeddi) *inch*

modryb *hon* (modrybedd) *aunt*

modur *hwn* (moduron) *automobile*

modurdy *hwn* (modurdai) *garage*

modd[1] *hwn* (moddion) *means*

modd[2] *hwn* (moddau) *mode*

moddion[1] *hwn* *medicine*

moddion[2] gw. **modd**

moel *bald* moeled; moelach; moelaf

moes *gorchymyn i 'rhoi'*

moeswers *hon* (moeswersi) *moral*

moethus *sumptuous* moethused; moethusach; moethusaf

mohoni : moni gw. **mo**

molecwl *hwn* (molecylau) *molecule*

moliannu *to praise* moliannaf; moliennir; moliannais; molianasom

moliant *hwn* (moliannau) *praise*

molwsg *hwn* (molysgiaid) *mollusc*

moll ffurf fenywaidd **mwll**
mollt *hwn* (myllt) **wether (sheep)**
momentwm *hwn* (momenta)
  momentum
moni o **mo**
monopoli *hwn* (monopolïau)
  monopoly
monsŵn *hwn* (monsynau)
  monsoon
mor *as*; *so* Mae 'mor' yn achosi
  Treiglad Meddal (ac eithrio 'll' a
  'rh'); nid yw'n treiglo ei hun: *dau
  mor rhyfedd ond mor ddigrif â'i
  gilydd.* 'Ac mor' nid '*a mor*' sy'n
  gywir.
môr *hwn* (moroedd) **sea**
mordaith *hon* (mordeithiau)
  voyage
morddwyd *hon* (morddwydydd)
  thigh
morfa *hwn* (morfeydd) **fen**
môr-farch *hwn* (môr-feirch) **walrus**
morfil *hwn* (morfilod) **whale**
môr-forwyn *hon* (môr-forynion)
  mermaid
morfran *hon* (morfrain) **cormorant**
morgais *hwn* (morgeisi :
  morgeisiau) *mortgage*
Morgannwg *Glamorgan* ond Iolo
  Morganwg
morglawdd *hwn* (morgloddiau)
  embankment
morgrugyn *hwn* (morgrug) **ant**
môr-hwch *hon* (môr-hychod)
  dolphin
môr-leidr *hwn* (môr-ladron) **pirate**
morlo *hwn* (morloi) **seal**
morlyn *hwn* (môr-lynnoedd)
  lagoon
moronen *hon* (moron) **carrot**
morthwyl : mwrthwyl *hwn*

(morthwylion : myrthylau)
  hammer
morwydden *hon* (morwydd)
  mulberry
morwyn *hon* (morynion) **maid**
mosgito *hwn* (mosgitos)
  mosquito
mud : **mudan** *silent* mudaned;
  mudanach; mudanaf
mudiant *hwn* (mudiannau) *motion*
mul *hwn* (mulod) *mule*
murddun *hwn* (murddunnod) *ruin*
murmur *hwn* (murmuron) *murmur*
mursennaidd *prudish*
MW *Merched y Wawr*
mwdwl *hwn* (mydylau) *haycock*
mŵg *hwn* (mygiau) *mug*
mwg *hwn* **smoke** mygu
mwgwd *hwn* (mygydau) *mask*
mwng *hwn* (myngau) *mane*
mwll *muggy* moll; mylled; myllach;
  myllaf
mwmi *hwn* neu *hon* (mwmïau)
  mummy
mwnci *hwn* (mwncïod) *monkey*
mwnwgl *hwn* (mynyglau) *neck*
mwrthwl gw. **morthwyl**
mwstás(h) *hwn* **moustache**
mwy[1]; mwyach; mwyaf gw. **mawr**
mwy[2] *any more* Nid yw'r 'mwy'
  yma'n arfer treiglo.
mwyach gw. **mawr** Nid yw
  'mwyach' yn arfer treiglo.
mwyaduron gw. **mwyhadur**
mwyalchen *hon* (mwyeilch)
  blackbird
mwyara *to gather blackberries*
  mwyerir
mwyaren *hon* (mwyar) *blackberry*
mwydyn *hwn* (mwydod) *worm*
mwyeilch gw. **mwyalchen**

mwyhadur *hwn* (mwyaduron)
  amplifier
mwyhau *to enlarge* mwyhaf;
  mwyhânt; mwyheir; mwyhâi;
  mwyheais; mwyhasom
mwyn *fine* mwyned; mwynach;
  mwynaf
mwynglawdd *hwn*
  (mwyngloddiau) *mine*
mwynhau *to enjoy* mwynhaf;
  mwynhânt; mwynheir; mwynhâi;
  mwynheais; mwynhasom
mwyniant *hwn* (mwyniannau)
  pleasure
mwyth *delicate*
m.y.a. *milltir yr awr* ***m.p.h.***
mydylau gw. **mwdwl**
myfi *me*; *myself* tydi; efe; hyhi;
  nyni; chwychwi; hwynt-hwy
myfïol *egoistic*
myfyrwraig *hon* (myfyrwragedd)
  (female) student
mygiau gw. **mẁg**
mygu *to smoke*; *to suffocate*
mygydau gw. **mwgwd**
myngau gw. **mwng**
mylled; myllach; myllaf gw. **mwll**
myllt gw. **mollt**
MYM *Mudiad Ysgolion Meithrin*
mympwy *hwn* (mympwyon) *whim*
mymryn *hwn* (mymrynnau) *bit*
myn[1] *hwn* (mynnod) *kid*
myn[2] o **mynnu** Mae'r ddau yma yn
  odli â 'gwyn'.
myn[3] *by!* Myn Duw mi a wn y daw.
  Mae hwn yn odli ag 'yn'.
mynach *hwn* (mynachod :
  mynaich) *monk*
mynachlog *hon* (mynachlogydd)
  monastery
mynd : myned *to go*

Presennol		Amherffaith	
af	awn	awn	aem
ei	ewch	aet	aech
â	ânt	âi	aent
eir	eid		

Gorffennol		Gorchmynnol	
euthum	aethom	-	awn
aethost	aethoch	dos; cer	ewch
aeth	aethant	aed	aethant
aethpwyd; aed		eler	

Dibynnol

Presennol		Amherffaith	
elo ef/hi	elom	elwn	elem
		elai ef/hi	
eler	elid		

mynedfa *hon* (mynedfeydd)
  entrance
mynegai *hwn* (mynegeion) *index*
mynegbost *hwn* (mynegbyst)
  signpost
mynegiant *hwn* (mynegiannau)
  expression
mynnod gw. **myn**
mynnu *to insist* mynnaf; mynnais;
  mynasom
mynwent *hon* (mynwentydd)
  cemetery
mynych *frequent* Pan ddaw o
  flaen gair mae'n achosi Treiglad
  Meddal: *fy mynych grwydradau*
  ffôl. mynychaf
mynydd *hwn* (mynyddoedd)
  mountain
mynydd-dir *hwn hill-country*
mynyglau gw. **mwnwgl**
myrdd : myrddiwn *hwn*
  (myrddiynau) *myriad*
myrr *hwn myrrh*
myrtwydden *hon* (myrtwydd)
  myrtle
myrthylau gw. **morthwyl :**
  mwrthwl

N

N *newton* **N**

'n' *our*, *us* Fe'i dilynir gan 'h' o flaen llafariad: *ein haur a'n harian.*

'n² *yn* Mae'n achosi Treiglad Meddal ar ôl yr 'yn' mae'n cymryd ei le: *Siân sy'n ddrwg.*

na¹ : **nac** *no*; *(do) not* Mae 'c', 'p', 't' yn treiglo'n llaes a 'b', 'd', 'g', 'll', 'm', 'rh' yn treiglo'n feddal ar ei ôl: *Ei di i'r siop? Na wnaf. Na ladd!*

na² : **nac** *neither, nor* Treiglad Llaes yn unig sy'n dilyn hwn: *na chi na chath.*

na³ : **nad** *that---not*; *who---not* Mae'n treiglo yn yr un ffordd â **na:¹** *Rhyw lyfr na chlywodd neb amdano; Yr asyn na fu farw.*

na⁴ : **nag** *than* Mae'n achosi Treiglad Llaes ac eithrio yn achos 'ti': *Gwell enw da na chyfoeth; mae ef yn fwy na ti.*

nacáu *to refuse* nacâf; nacâ; nacânt; naceir; nacâi; naceais; nacasom *to refuse*

nâd *hon* (nadau) *cry*

nâd-fi'n-angof *hwn* *forget-me-not*

nadredd : nadroedd gw. **neidr**

nai *hwn* (neiaint) *nephew*

naid¹ *hon* (neidiau) *leap*

naid² o **neidio**

naill *the one*; *either* Mae'n achosi Treiglad Meddal: *y naill gar neu'r llall.*

nain *hon* (neiniau) *grandmother*

nant *hon* (nentydd)

nas gw. **-s**

Natsi *hwn* (Natsïaid) *Nazi*

naw *nine* Mae 'blwydd', 'blwyddyn' a 'diwrnod' yn treiglo'n drwynol ar ei ôl: *naw mlwydd oed.*

nawdd gw. **noddi**

nawddsant *hwn* (nawddseintiau) *patron saint*

nawf o **nofio**

neb *anyone* Mae gofyn defnyddio 'ni' neu 'na' neu frawddeg negyddol gyda 'neb': *Doedd neb 'na* sy'n gywir (nid *Roedd neb 'na.*)

nedden *hon* (nedd) *nit*

neges *hon* (negesau : negeseuon) *message*

negesydd *hwn* (negeswyr) *messenger*

Negro *hwn* (Negroaid) *Negro*

negydd *hwn* (negyddion) *negative*

neiaint gw. **nai**

neidiau gw. **naid**

neidr *hon* (nadredd : nadroedd) *snake*

neiniau gw. **nain**

neisied *hon* (neisiedi) *handkerchief*

nemor *hardly* Mae'n achosi Treiglad Meddal ac eithrio mewn gradd gymharol ansoddair: *nemor ddim; nemor gwell.*

nen *hon* (nennau : nennoedd) *heavens*

nenfwd *hon* (nenfydau) *ceiling*

nentydd gw. **nant**

nepell *pell* '*nid nepell*' = agos

nerth *hwn* (nerthoedd) *strength*

nes¹ gw. **agos** Mae'n odli â 'pres'.

nes² *until* yr un 'es' ag yn 'peswch'

nesaf 1. gw. **agos** 2. *next*

nesáu : nesu *to draw near* nesâf;
  nesâ; nesânt; neseir; nesâi;
  neseais; nesasom; nesaon ni
nesed gw. **agos**
neu *or* Mae enwau, ansoddeiriau a
  berfenwau'n treiglo'n feddal ar
  ôl 'neu', nid felly ffurfiau eraill: *te
  neu goffi; llon neu leddf;
  cerdded neu redeg; a welaist
  neu clywaist ti rywbeth?*
newid *hwn* (newidiadau) *change*
newydd[1] *hwn* (newyddion) *news*
newydd[2] *new* Mae'n achosi
  Treiglad Meddal pan ddaw o
  flaen gair.
newydd-anedig *new-born*
newydd-deb *hwn* **novelty**
newydd-ddyfodiad *hwn* (newydd-
  ddyfodiaid) *newcomer*
newyddiaduraeth :
  newyddiaduriaeth *hon*
  journalism
newyddian *hwn* (newyddianod)
  novice
newyddion gw. **newydd**
ni : nid *not* Mae 'c', 'p', 't', yn
  treiglo'n llaes ar ôl 'ni' ac 'g', 'b',
  'd', 'll', 'm', 'rh' yn treiglo'n feddal:
  Ni chlywais ac ni welais.
nicotîn *hwn* **nicotine**
nifer *hwn* neu *hon* (niferoedd)
  number

nifwl *hwn* (nifylau) *nebula*
ninnau gw. **minnau**
nionyn *hwn* (nionod) *onion*
nis gw. **-s**
nith *hon* (nithoedd) *niece*
niwclews *hwn* (niwclysau)
  nucleus
niwed *hwn* (niweidiau) *harm*
niwl *hwn* (niwloedd) *fog*
nodiadau gw. **nodyn**
nodwedd *hon* (nodweddion)
  characteristic
nodyn *hwn* (nodau) *note*
noddfa *hon* (noddfeydd) *refuge*
noddi *to patronise* nawdd ef/hi
noeth *bare* noethed; noethach;
  noethaf; noethion
noeth lymun : noethlymun *nude*
nofelydd *hwn* (nofelwyr) *novelist*
nofio *to swim* nawf
nomad *hwn* (nomadiaid) *nomad*
noson : noswaith *hon*
  (nosweithiau) *evening; night*
not *hon* (notiau) *knot (mesur
  cyflymdra)*
nwy *hwn* (nwyon) *gas*
nyni gw. **myfi**
nyrs *hon* neu *hwn* (nyrsys) *nurse*
nyten *hon* (nytiau) *nut*
nyth *hwn* neu *hon* (nythod) *nest*
nythaid *hon* (nytheidiau) *nestful*

O

o *from* ohonof fi; ohonot ti; ohono ef; ohoni hi; ohonom ni; ohonoch chi; ohonynt hwy/ ohonyn nhw Mae'n achosi Treiglad Meddal: *llwyth o lo.* Defnyddiwch 'o' wrth gyfeirio at le ond 'wrth' neu 'oddi wrth' wrth gyfeirio at berson: *Daeth carden o Gaerdydd; daeth carden (oddi) wrth John.*

oblegid *on account of* o'm plegid i; o'th blegid di; o'i blegid ef; o'i phlegid hi; o'n plegid ni; o'ch plegid chi o'u plegid hwy/nhw

obry *below*

OC *Oed Crist* **AD** Daw 'OC' o flaen y flwyddyn *OC 105.*

ocsiwn *hon* (ocsiynau) *auction*

ocsygen *hwn* **oxygen**

ochenaid *hon* (ocheneidiau) *groan*

od *odd* oded; odach; odaf

ôd *hwn* **snow**

o dan *below* odanaf fi; odanat ti; odano ef; odani hi; odanom ni; odanoch chi; odanynt hwy/nhw

odid *hardly* Mae'n achosi Treiglad Meddal: *odid ddim.*

oddi ffurf ar **o** mewn rhai ymadroddion *oddi wrth; oddi tan*

oed[1] : *oedran hwn* (oedrannau) *age*

oed[2] *hwn* (oedau) *tryst*

oedfa *hon* (oedfaon) *service*

oedolyn *hwn* (oedolion) *adult*

oedrannus *elderly*

oedd o bod

oen *hwn* (ŵyn) *lamb*

oer *cold* oered; oerach; oeraf

oergell *hon* (oergelloedd) *refrigerator*

oes[1] *hon* (oesau : oesoedd) *age*

oes[2] o bod

ofari *hwn* (ofarïau) *ovary*

ofer *worthless* Mae'n achosi Treiglad Meddal pan ddaw o flaen gair: *yn ofer ddisgwyl i'w ddychwelyd.*

ofergoel *hon* (ofergoelion) *superstition*

ofydd *hwn* (ofyddion) *ovate*

offeiriad *hwn* (offeiriaid) *priest*

offeren *hon* (offerennau) *mass*

offeryn *hwn* (offer : offerynnau) *instrument*

offerynnol *instrumental*

offerynnwr *hwn* (offerynwyr) *instrumentalist*

offrwm *hwn* (offrymau) *offering*

offthalmolegydd *hwn* *ophthalmologist*

ogof *hon* (ogofâu : ogofeydd) *cave*

onglydd *hwn* (onglyddion) *protractor*

oherwydd *because* o'm herwydd i; o'th herwydd di; o'i herwydd ef/hi; o'n herwydd ni; o'ch herwydd chi; o'u herwydd nhw

ohonof gw. **o**

ôl- *post-* Daw o flaen gair gan achosi Treiglad Meddal: *ôl-foderniaeth.*

ôl[1] *hwn* (olion) *impression*

ôl[2] *behind* ar fy ôl; ar dy ôl; ar ei ôl; ar ei hôl; ar ein holau; ar eich olau; ar eu holau

olddodiad : *ôl-ddodiad hwn* (olddodiaid) *suffix*

olewydden *hon* (olewydd) *olive tree*

olion gw. ôl¹

olrhain *to trace* olrheiniaf; olrhain ef/hi

olwyn *hon* (olwynion) *wheel*

olynydd *hwn* (olynwyr) *successor*

ON *ôl-nodyn* **PS**

oni : onid *unless* Mae 'p', 't' ac 'c' yn treiglo'n drwynol ar ôl:'oni' a 'b', 'd', 'g', 'll', 'm', 'rh' yn treiglo'n feddal: *oni chlywaf ac oni welaf.*

onis gw. **-s**

onnen *hon* (ynn : onn) *ash tree*

OON *ôl-ôl-nodiad* **PPS**

opera *hon* (operâu) *opera*

organydd *hwn* (organyddion) *organist*

oriau gw. **awr**

os *if* Peidiwch â defnyddio 'os' i gyflwyno cwestiwn anuniongyrchol: *Gofynnais iddo a oedd yn dod?* nid '*os oedd yn dod'.*

osgoi *to avoid* osgoaf; osgônt; osgôi ef/hi; osgôdd; osgoesom; osgôm; osgôn

osôn *hwn* **ozone**

P

pa *what, which* Mae'n achosi Treiglad Meddal: *Pa ddiwrnod, pa law?*

pabell *hon* (pebyll) *tent*

pabi *hwn* (pabïau : pabis) *poppy*

pabwyren *hon* : **pabwyryn** *hwn* (pabwyr) *rush(es)*

Pabydd *hwn* (Pabyddion) *(a) Roman Catholic*

padell *hon* (padellau : padelli : pedyll) *pan*

padlen *hon* (padlennau) *paddle*

paent *hwn* *paint*

paentio : peintio *to paint*

pafiliwn *hwn* (pafiliynau) *pavilion*

pagan *hwn* (paganiaid) *pagan*

pangfa *hon* (pangfeydd) *fit*

paham : pam *why* 'Pam mae' nid '*pam fod'* sy'n gywir.

paid o **peidio**

pair¹ *hwn* (peiriau) *cauldron*

pair² o **peri**

pais *hon* (peisiau) *petticoat*

paith *hwn* (peithiau) *prairie*

pâl¹ *hon* (palau) *spade*

pâl² *hwn* (palod) *puffin*

paladr *hwn* (pelydr) *ray*

palalwyfen *hon* (palalwyf) *linden (tree)*

palfalu *to grope* palfelir

palmant *hwn* (palmantau : palmentydd) *pavement*

palmantu *to pave* palmantaf; palmentir; palmentais; palmantasom; palmanton ni

palmwydden *hon* (palmwydd) *palm*

pâm *hwn* (pamau) *bed (of earth)*

pan¹ *when* Mae'n achosi Treiglad Meddal. 'Pan yw' oedd y ffurf lenyddol gywir ond y mae 'pan mae' neu 'pan fydd' yn fwy cyffredin erbyn hyn. Ni cheir 'y' ar ôl 'pan'.

pan² *gwlychu a sychu gwlân fulling*

panasen *hon* (pannas) *parsnip*

pancosen *hon* (pancos) *pancake*

panel *hwn* (paneli) *panel*
pannas gw. **panasen**
pannwl *hwn* (panylau) *dimple*
papurfrwyn *hyn* *papyrus*
pâr[1] *hwn* (parau : peiri) *pair*
pâr[2] o **peri**
parablu *to prattle* pareblir
paraf o **peri**
paratoi *to prepare* paratôf; paratô;
paratôi ef/hi; paratois; paratôdd;
paratoesom
parchedig *revered* parchediced;
parchedicach; parchedicaf
Parchg *parchedig* **Revd**
parchu *to respect* parchaf;
perchir; perchais; parchasom
parchus *reverend* Mae'n achosi
Treiglad Meddal pan ddaw o
flaen gair: *Barchus Brifathro.*
pardwn *hwn* (pardynau) *pardon*
pared *hwn* (parwydydd) *wall*
parhau *to continue* parhaf; pery
ef/hi; parhânt; parheir; parhâi;
parheais
parlwr *hwn* (parlyrau) *parlour*
parod *ready* paroted; parotach;
parotaf
parodi *hwn* (parodïau) *parody*
parot *hwn* (parotiaid) *parrot*
paroted; parotach; parotaf
gw. **parod**
parsel *hwn* (parseli) *parcel*
parti *hwn* (partïon) *party*
partner *hwn* (partneriaid) *partner*
parwydydd gw. **pared**
pàs[1] *hon* (pasiau) *pass*
pàs[2] *hon* *(a) lift*
pas *hwn* *whooping-cough*
pasgaf o **pesgi**
pasiant *hwn* (pasiannau :
pasiantau) *pageant*

pastai *hon* (pasteiod) *pie*
pastwn *hwn* (pastynau) *cudgel*
patriarch *hwn* (patriarchiaid)
patriarch
patrwm : patrwn *hwn* (patrymau :
patrynau) *pattern*
pathew *hwn* (pathewod)
dormouse
pau *hon* (peuau) *land*
paun *hwn* (peunod) *peacock*
peunes
pawen *hon* (pawennau) *paw*
pawr o **pori**
pebyll gw. **pabell**
pecyn *hwn* (pecynnau) *package*
pechadur *hwn* (pechaduriaid)
sinner
pedair ffurf fenywaidd **pedwar** 'Y
pedair' sy'n gywir nid '*y bedair*'.
pedler *hwn* (pedleriaid) *pedlar*
pedrain *hon* (pedreiniau) *hind-quarters*
pedwaredd ffurf fenywaidd
pedwerydd Mae'n treiglo'n
feddal ar ôl y fannod ac yn
achosi Treiglad Meddal: *hi oedd
y bedwaredd ferch.*
pedyll gw. **padell**
pegwn *hwn* (pegynau) *pole*
peidio *to cease* paid ef/hi.
'Peidiwch â' sy'n fanwl gywir, ac
os gollyngir yr 'â' nid oes
treiglad yn dilyn 'peidiwch':
peidiwch darllen; peidiwch mynd.
peilot *hwn* (peilotiaid) *pilot*
peintio *to paint* (paent)
peiran *hwn* (peirannau) *corrie*
peirch o **parchu**
peiri gw. **pâr**
peiriannau gw. **peiriant**
peiriannol *mechanical*

peiriannwr : peiriannydd *hwn*
(peirianwyr : peirianyddion)
mechanic

peiriant *hwn* (peiriannau)
machine

peiriau gw. **pair**

peisiau gw. **pais**

peithiau gw. **paith**

pêl *hon* (peli) *ball*

pêl-droed *hon* *football*

pêl-droediwr *hwn* (pêl-droedwyr)

pelen *hon* (pelenni) *ball*

pêl-fas *hon* *baseball*

pêl-fasged *hon* *basketball*

pelferyn *hwn* (pelferynnau) *ball-
bearing*

pêl-rwyd *hon* *netball*

pelydr gw. **paladr**

pell *far* pelled; pellach; pellaf

pellen *hon* (pellenni) *ball (of wool)*

pellennig *remote*

pell-gyrhaeddol *far-reaching*

pellhau *to move away* pellhaf;
pellhânt; pellheir; pellhâi ef/hi;
pellheais; pellhasom

pen *hwn* (pennau) *head*

pen blwydd *hwn* (pennau blwydd)
birthday

penaethiaid gw. **pennaeth**

penawdau gw. **pennawd**

penboethyn *hwn* (penboethiaid)
fanatic

penbwl *hwn* (penbyliaid) *tadpole*

pencadlys *hwn* (pencadlysoedd)
headquarters

penci *hwn* (pencwn) *dogfish*

pendefig *hwn* (pendefigion) *lord*

pendduyn *hwn* (pendduynnod)
boil; blackhead

penelin *hwn* neu *hon*
(penelinoedd) *elbow*

pengaled *stubborn* pengaleted;
pengaletach; pengaletaf

pen-glin *hwn* (pennau gliniau)
knee

Pengryniad *hwn* (Pengryniaid)
Roundhead

pengwin *hwn* (pengwinod)
penguin

penhwyad *hwn* (penhwyaid) *pike*

penillion gw. **pennill**

penio *to head* peniaf; pennir

pen-lin *hon* (penliniau) *knee*

penllâd *hwn* *supreme good*

pennaeth *hwn* (penaethiaid) *chief*

pennaf *chief*

pennau gw. **pen**

pennawd *hwn* (penawdau)
heading

pennill *hwn* (penillion) *verse*

pennod *hon* (penodau) *chapter*

pennog *hwn* (penwaig) *herring*

pennu *to determine* pennaf;
pennais; penasom; pennon ni

penodau gw. **pennod**

pen-ôl *hwn* (penolau) *backside*

penrhyn *hwn* (penrhynnau)
promontory

pensaer *hwn* (penseiri) *architect*

pensaernïaeth *hon* *architecture*

pensiwn *hwn* (pensiynau) *pension*

pentewyn *hwn* (pentewynion)
firebrand

pentir *hwn* (pentiroedd) *headland*

pentref *hwn* (pentrefi) *village*

pentwr *hwn* (pentyrrau) *pile*

pentyrru *to heap* pentyrraf;
pentyrrir; pentyrrais; pentyrasom

penwaig gw. **pennog**

penwythnos *hwn* neu *hon*
(penwythnosau) *weekend*

Pen-y-bont ar Ogwr *Bridgend*

penysgafn *dizzy* penysgafned; penysgafnach; penysgafnaf

pêr[1] : **peraidd** *sweet* pereiddied; pereiddiach; pereiddiaf

pêr[2] gw. **peren**

peraidd gw. **pêr**

percoladur *hwn* (percoladuron) *percolator*

perch(ais) o **parchu**

perchennog *hwn* (perchenogion) *owner*

perchyll gw. **porchell**

perdysen *hon* (perdys) *shrimp*

pereiddied; pereiddiach; pereiddiaf gw. **peraidd**

peren *hon* (pêr) *pear*

pererin *hwn* (pererinion) *pilgrim*

perfedd *hwn* (perfeddion) *intestine*

perffaith *perfect* Mae'n achosi Treiglad Meddal pan ddaw o flaen gair: *Mae'n berffaith glir.* perffeithied; perffeithiach; perffeithiaf

peri *to cause* paraf; peri; pair/pâr ef/hi; perir; perais; parasom

Periwfiad *hwn* (Periwfiaid) *Peruvian*

perllan *hon* (perllannau) *orchard*

persain *melodious* perseinied; perseiniach; perseiniaf

person[1] *hwn* (personau) *person*

person[2] *hwn* (personiaid) *parson*

perswâd *hwn* *persuasion*

pert *pretty* perted; pertach; pertaf

perth *hon* (perthi) *hedge*

perthnasau gw. **perthynas**

perthyn *to be related* perthyn ef/hi

perthynas (perthnasau) *relative* Mae cenedl y gair yn newid yn ôl rhyw y p/berthynas.

pery o **para** : **parhau**

perygl *hwn* (peryglon) *danger*

pes gw. **-s**

pesgi *to get fat* pasgaf; pesgir; pesgais; pasgasom; pesgon ni

pesimist *hwn* (pesimistiaid) *pessimist*

peswch[1] : **pesychu** *to cough* pesychaf

peswch[2] : **pesychiad** *hwn* (pesychiadau) *(a) cough*

petawn i petait ti; petai ef/hi; petaem ni; petaech chi; petaent hwy *were I etc.*

petrisen *hon* (petris) *partridge*

petrus *hesitant* petrused; petrusach; petrusaf

peuau gw. **pau**

peunes *hon* *peahen*

peunod gw. **paun**

pianydd *hwn* (pianyddion) *pianist*

pibellaid *hon* (pibelleidiau) *pipeful*

piben *hon* (pibenni) *pipe*

pibydd *hwn* (pibyddion) *piper*

picfforch *hon* (picffyrch) *pitchfork*

pictiwr *hwn* (pictiyrau) *picture*

picwarch *hon* (picweirch) *pitchfork*

picwnen *hon* (picwn) *wasp*

pigmi *hwn* (pigmïaid) *pygmy*

pigyn *hwn* (pigau) *prick*

Y Pîl *Pyle*

pilen *hon* (pilennau) *membrane*

piler *hwn* (pileri) *pillar*

pilipala *hwn* *butterfly*

pilsen *hon* (pils) *pill*

pilyn *hwn* (pilynnau) *garment*

pin *hwn* (pinnau) *pin*

pin gw. **pinwydden**

pinc *hwn* (pincod) *chaffinch*

pinio *to pin* piniaf; pinnir; piniais

piniwn *hwn* (piniynau) *opinion*
pinnau gw. **pìn**
pinsiwrn : pinsiwn *hwn*
(pinsiyrnau : pinsiynau) *pincers*
pinwydden *hon* (pinwydd : coed
pin) *pine tree*
pioden *hon* (piod) *magpie*
piser *hwn* (piseri) *pitcher*
pisgwydden *hon* (pisgwydd) *lime
tree*
pistyll *hwn* (pistylloedd) *well*
pisyn *hwn* (pisynnau : pisys) *piece*
pitïo *to pity* pitïaf; pitiir; pitïais;
pitïasom
Piwritan *hwn* (Piwritaniaid)
Puritan
pla *hwn* (plâu) *plague*
plaen¹ *plain* plaened; plaenach;
plaenaf
plaen² : plân *hwn* (plaenau :
plaeniau) *plane (carpenter)*
plaid *hon* (pleidiau) *party*
plân¹ *hwn* (planau) *plane
(geometric)*
plân² hwn (plaenau) *plane
(carpenter)*
planced *hon* (plancedi) *blanket*
planhigfa *hon* (planigfeydd)
plantation
planhigyn *hwn* (planhigion) *plant*
plannu *to plant* plannaf; plennir;
plennais; planasom; plannon ni
plant gw. **plentyn**
planwydden *hon* (planwydd)
plane trees
plastai gw. **plasty**
plastig *hwn* (plastigion) *(a) plastic*
plasty *hwn* (plastai) *mansion*
plât *hwn* (platiau) *plate*
plataid *hwn* (plateidi : plateidiau)
plateful

pledren *hon* (pledrenni :
pledrennau) *bladder*
pleidiau gw. **plaid**
pleidlais *hon* (pleidleisiau) *vote*
plenn(ais) o **plannu**
plentyn *hwn* (plant) *child*
plentynnaidd *infantile*
plisgyn *hwn* (plisg) *pod*
plisman : plismon *hwn* (plismyn)
policeman
plocyn *hwn* (plociau) *block*
ploryn *hwn* (plorynnod : plorod)
acne
pluen *hon* (plu) *feather*
plwc *hwn* (plyciau) *pluck*
plwg *hwn* (plygiau) *plug*
plws *hwn* (plysau) *plus*
plwyf *hwn* (plwyfi) *parish*
plyciau gw. **plwc**
plyg *hwn* (plygion) *fold*
plygain *hwn* neu *hon* (plygeiniau)
dawn; *matins*
plygeiniol *early (morning)*
plygiau gw. **plwg**
plygu *to bend* plyg ef/hi
plysau gw. **plws**
po Mae'n achosi Treiglad Meddal:
po fwyaf, po leiaf.
pobl *hon* (pobloedd) *people* Er
mai unigol yw 'pobl' mae'n cael
ei thrin yn aml fel gair lluosog,
e.e. *pobl gwynion*; hefyd, mae'r
ffurf luosog 'pobloedd' yn
treiglo'n feddal ar ôl 'y'.
pobydd *hwn* (pobyddion) *baker*
poced *hwn* neu *hon* *pocket*
pocedaid *hon* (pocedeidiau)
pocketful
poeth *hot* poethed; poethach;
poethaf; poethion
pôl *hwn* (polau) *poll*

polion gw. **polyn**
polisi *hwn* (polisïau) *policy*
polyn *hwn* (polion) *pole*
poni *hon* (ponis) *pony* Nid yw
 'poni' yn treiglo ar ôl 'y'.
pont *hon* (pontydd) *bridge*
Pont-y-pŵl *Pontypool*
poplysen *hon* (poplys) *poplar*
popty *hwn* (poptái) *oven*
porchell *hwn* (perchyll) *porker*
porfa *hon* (porfeydd) *grass*
pori *to graze* pawr ef/hi
porth[1] *hwn* (pyrth) *door*
porth[2] *hon* (pyrth) *harbour*
porthi *to feed* pyrth ef/hi
porthiannus *well-fed*
porthmon *hwn* (porthmyn) *drover*
porthor *hwn* (porthorion) *porter*
pos *hwn* (posau) *puzzle*
posibilrwydd *hwn* (posibiliadau)
 possibilities
poster *hwn* (posteri) *poster*
postman : postmon *hwn*
 (postmyn) *postman*
postyn : post *hwn* (pyst) *post*
potel *hon* (poteli) *bottle*
potelaid *hon* (poteleidi :
 poteleidiau) *bottleful*
powdr : powdwr *hwn* (powdrau)
 powder
powlen *hon* (powlenni) *bowl*
powlennaid *hon* *bowlful*
praff *stout* praffed; praffach;
 praffaf; preiffion
praidd *hwn* (preiddiau) *flock*
prawf[1] **: praw** *hwn* (profion) *proof*
prawf[2] o **profi**
preiddiau gw. **praidd**
preiffion gw. **praff**
pren *hwn* (prennau) *wood*
prennaidd *wooden*

prentis *hwn* (prentisiaid)
 apprentice
presennol *present*
prid *expensive* prited; pritach;
 pritaf
pridd *hwn* (priddoedd) *earth*
prif *chief* Mae'n arfer dod o flaen
 enw ac achosi Treiglad Meddal.
prif weinidog *hwn* (prif
 weinidogion) *prime minister*
prifardd *hwn* (prifeirdd) *Bardd
 sydd wedi ennill y Gadair neu'r
 Goron mewn Eisteddfod
 Genedlaethol.*
prifathro *hwn* (prifathrawon)
 headmaster
prifddinas *hon* (prifddinasoedd)
 capital city
priflythyren *hon* (priflythrennau)
 capital letter
prifffordd *hon* (priffyrdd) *highway*
prin *scarce* Pan ddaw o flaen gair
 mae'n achosi Treiglad Meddal:
 *Mae prin ddiwrnod yn mynd
 heibio.* prinned;prinnach; prinnaf
prinhau *to become scarce*
 prinhaf; prinheir; prinhâi;
 prinheais; prinhasom
prinned; prinnach; prinnaf gw.
 prin
priod[1] **1.** *married* **2.** *appropriate*
 Pan ddaw o flaen enw mae'n
 golygu *appropriate* ac yn achosi
 Treiglad Meddal.
priod[2] *spouse* Mae ei genedl yn
 newid yn ôl ai gŵr neu wraig y
 cyfeirir atynt.
priod-ddull *hwn* (priod-ddulliau)
 idiom
prior *hwn* (prioriaid) *prior*
priordy *hwn* (priordai) *priory*

prisiad : prisiant *hwn* (prisiadau : prisiannau) *valuation*

profi 1. *to test* 2. *to prove* prawf ef/hi

profion gw. **prawf**

proflen *hon* (proflenni) *(copy) proof*

proffesiwn *hwn* (proffesiynau) *profession*

proffwyd *hwn* (proffwydi) *prophet*

prosesydd geiriau *hwn* (prosesyddion geiriau) *word processor*

protest *hwn* neu *hon* (protestiadau) *protest*

Protestannaidd *Protestant*

Protestant *hwn* (Protestaniaid) *Protestant*

prudd *serious* prudded; pruddach; pruddaf

pryd[1] *hwn* (prydiau) *time*

pryd[2] *hwn* (prydau) *meal*

pryder *hwn* (pryderon) *worry*

prydferth *beautiful* prydferthed; prydferthach; prydferthaf

prydlon *punctual* prydloned; prydlonach; prydlonaf

prydydd *hwn* (prydyddion) *bard*

pryf : pry *hwn* (pryfed) *fly*

pryfysydd *hwn* (pryfysyddion) *insectivore*

prŷn[1] o **prynu**

prŷn[2] (bara prŷn) *bought*

prynhawn *hwn* (prynhawniau) *afternoon*

prynu *to buy* prŷn ef/hi

prysglwyn *hwn* (prysglwyni) *copse*

prysgwydden *hon* (prysgwydd) *shrubs*

prysur *busy* prysured; prysurach; prysuraf

pumed *fifth* Mae'n treiglo'n feddal ar ôl y fannod ac yn achosi Treiglad Meddal os yw'n cyfeirio at enw benywaidd: *y bumed ferch.*

pump : pum *five* Mae 'blwyddyn', 'blynedd' a 'diwrnod' yn treiglo'n drwynol ar ôl 'pum'.

punt *hon* (punnoedd : punnau) *pound* Fel arfer, defnyddir 'punnoedd' am swm amhenodol o arian a 'punnau' am swm penodol: *mil o bunnau.*

pur[1] *pure* pured; purach; puraf

pur[2] *quite* Mae'n achosi Treiglad Meddal ac eithrio yn achos 'll' a 'rh': *pur dda; pur llawen.*

purfa *hon* (purfeydd) *refinery*

purion *right* Nid yw 'purion' yn achosi Treiglad Meddal: *purion trefn.*

putain *hon* (puteiniaid) *prostitute*

pwca : pwci *hwn* (pwcaod : pwcïod) *imp*

pŵdl *hwn* *poodle*

pwdr *rotten* pydron

pŵer *hwn* (pwerau) *power*

pwerdy *hwn* (pwerdai) *powerhouse*

pwff *hwn* (pyffiau) *puff*

pwl *hwn* (pyliau) *(a) fit*

pŵl *matt* ; *dull* pylu

pwli *hwn* (pwlïau) *pulley*

pwll *hwn* (pyllau) *pool*

pwmp *hwn* (pympiau) *pump*

pwmpen *hon* (pwmpenni) *marrow*

pwn *hwn* (pynnau) *pack*

pwnc *hwn* (pynciau) *subject*

pwnio *to nudge* pwniaf; pwnnir

pwpa *hwn* (pwpae) *pupa*

pwrs *hwn* (pyrsau) *purse*

pwt *hwn* (pytiau) *bit*
Pwyliad *hwn* (Pwyliaid) *Pole*
pwyo *to batter*
pwys[1] *hwn* (pwysi) *pound*
pwys[2] *hwn* (pwysau) *weight*
pwysi *hwn* (pwysïau) *posy*
pwysig *important* pwysiced;
   pwysicach; pwysicaf
pwysyn *hwn* (pwysynnau)
   (a) weight
pyffiau gw. pwff
pyliau gw. pwl
pyllau gw. pwll
pympiau gw. pwmp

pymtheg : pymtheng *fifteen*
   Defnyddir 'pymtheng' o flaen
   geiriau yn dechrau ag 'm':
   pymtheng milltir.
pynciau gw. pwnc
pynnau gw. pwn
pyrsau gw. pwrs
pyrth[1] gw. porth
pyrth[2] gw. porthi
pysen *hon* (pys) *pea*
pysgodyn *hwn* (pysgod) *fish*
pyst gw. postyn
pytaten *hon* (pytatws) *potato*
pytiau gw. pwt

R

rab(b)i *hwn* (rab(b)iniaid) *rabbi*
raced *hwn* neu *hon* (racedi) *racket*
radiws *hwn* (radiysau) *radius*
rali *hon* (ralïau) *rally*
ras *hon* (rasys) *race*
rasal *hon* (raselydd) *razor*
recordydd *hwn* (recordyddion)
   recorder
refferendwm *hwn* (refferenda)
   referendum

reit *quite* Daw o flaen ansoddair
   gan achosi Treiglad Meddal:
   Mae hi'n reit dda.
roced *hon* (rocedi) *rocket*
rŵan *now*
Rwsiad *hwn* (Rwsiaid) *Russian*
rwyf o bod
rŷg *hwn* (rygiau) *rug*
rysáit *hon* (ryseitiau) *recipe*

Rh

rhacanu *to rake* rhacanaf;
   rhacenir; rhacenais;
   rhacanasom
rhad *cheap* rhated; rhatach; rhataf
rhadlon *gracious* rhadloned;
   rhadlonach; rhadlonaf
rhaeadr *hon* (rhaeadrau : rhëydr)
   waterfall
rhaffu : rhaffo *to string together*
   rhaffaf; rheffir; rheffais;
   rhaffasom

rhag *lest* rhagof fi; rhagot ti;
   rhagddo ef; rhagddi hi; rhagom
   ni; rhagoch chi; rhagddynt
   hwy/rhagddyn nhw
rhagair *hwn* (rhageiriau) *foreword*
rhagbrawf *hwn* (rhagbrofion)
   prelim
rhagdybio : rhagdybied *to*
   assume rhagdybiaf; rhagdyb ef/hi
rhagddodiad *hwn* (rhagddodiaid)
   prefix

rhag-ddweud *to foretell*
rhagddywedaf; rhagddywed
ef/hi

rhageiriau gw. **rhagair**

rhagflaenydd *hwn* (rhagflaenwyr)
predecessor

rhaglaw *hwn* (rhaglawiaid :
rhaglofiaid) *governor*

rhaglen *hon* (rhaglenni)
programme

rhaglennu *to program*
rhaglennaf; rhaglennais;
rhaglenasom

rhaglofiaid gw. **rhaglaw**

rhagolwg *hwn* (rhagolygon)
prospect

rhagorfraint *hon* (rhagorfreintiau)
privilege

rhagrith *hwn* (rhagrithion)
hypocrisy

rhag-weld : rhagweled *to foresee*
rhagwelaf; rhagwêl ef/hi

rhagymadrodd *hwn*
(rhagymadroddion)
introduction

rhaib *hon* **spell** rheibio

rhaid *hwn* (rheidiau) *necessity*
rheitied; rheitiach; rheitiaf 'Nid
rhaid' sy'n gywir yn hytrach na
'ni raid'.

rhaidd *hon* (rheiddiau) *antler*

rhain *these* Mae angen 'y' neu 'r'
o'i flaen: 'y rhain'.

rhan *hon* (rhannau) *part*

rhannu *to share* rhannaf; rhan
ef/hi; rhennir; rhennais;
rhanasom; rhannon ni

rhated; rhatach; rhataf gw. **rhad**

rhaw *hon* (rhawiau : rhofiau)
shovel

rhedeg *to run* rhed ef/hi

rhedynen *hon* (rhedyn) *fern*

rheffyn *hwn* (rheffynnau) *halter*

rheg *hon* (rhegfeydd) *swear-word*

rheng *hon* (rhengoedd) *row*

rheidiau gw. **rhaid**

rheiddiadur *hwn* (rheiddiaduron)
radiator

rheiddiau gw. **rhaidd**

rheilen *hon* (rheiliau) *rail*

rheilffordd *hon* (rheilffyrdd)
railway

rheitied; rheitiach; rheitiaf
gw. **rhaid**

rheithor *hwn* (rheithorion :
rheithoriaid) *rector*

rhenn(ais) o **rhannu**

rhent *hwn* (rhenti) *rent*

rhesinen *hon* (rhesin) *raisin*

rhestr *hon* (rhestri) *(a) list*

rhestru *to list*

rheswm *hwn* (rhesymau) *reason*

rhewbwynt *hwn* (rhewbwyntiau)
freezing-point

rhewgell *hon* (rhewgelloedd)
freezer

rhewynt *hwn* (rhewyntoedd) *ice-cold wind*

rhëydr gw. **rhaeadr**

rhiain *hon* (rhianedd) *maiden*

rhiant *hwn* (rhiaint : rhieni) *parent*

rhibidirês *hon* string (of)

rhifol *hwn* (rhifolion) *numeral*

rhifyn *hwn* (rhifynnau) *issue*

rhigwm *hwn* (rhigymau) *rhyme*

rhingyll *hwn* (rhingylliaid)
sergeant

rhimyn *hwn* (rhimynnau) *rim*

rhoden *hon* (rhodenni) *rod*

rhodfa *hon* (rhodfeydd)
promenade

rhodd *hon* (rhoddion) *gift*

rhoddi rhydd ef/hi gw. **rhoi** :
rhoddi
rhofiad *hon* (rhofieidiau) *shovelful*
rhofiau gw. **rhaw**
rhoi : **rhoddi** rhof; rhy ef/hi; rhônt;
rhoir; rhôi ef/hi; rhois; rhoes
ef/hi; rhoesom; rho di!; rhô ef/hi
rholbren *hwn* (rholbrenni) *rolling-pin*
rholyn *hwn* (rholiau) *roll*
rhombws *hwn* (rhombi) *rhombus*
rhos *hon* (rhosydd) *moor*
rhosyn *hwn* (rhosynnau : rhosod)
rose
rhudd *ruddy* rhudded; rhuddach;
rhuddaf
rhüwr *hwn* *roarer*
rhwng *between* rhyngof fi; rhyngot
ti; rhyngddo ef; rhyngddi hi;
rhyngom ni; rhyngoch chi;
rhyngddynt hwy/rhyngddyn nhw
rhyngof fi (etc.) a, nid '*â*'
rhwth *gaping* rhythu
rhwyden *hon* (rhwydenni) *retina*
rhwydd *easy* rhwydded;
rhwyddach; rhwyddaf
rhwymyn *hwn* (rhwymynnau)
bandage

rhy[1] *too* Mae'n achosi Treiglad
Meddal: *rhy ddrwg*; *rhy laes.*
rhy[2] o **rhoi**
rhybed *hwn* (rhybedion) *rivet*
rhychwantu *to span* rhychwentir
rhydweli *hon* (rhydwelïau) *artery*
rhydd[1] *loose*
rhydd[2] o **rhoddi**
rhyddfraint *hon* (rhyddfreiniau)
emancipation
rhyddhau *to release* rhyddhaf;
rhyddhânt; rhyddheir;
rhyddheais; rhyddhasom
rhyfedd *strange* rhyfedded;
rhyfeddach; rhyfeddaf
rhyfel *hwn* neu *hon* (rhyfeloedd)
war
rhyferthwy *hwn* *tempest*
rhyng(ddi) gw. **rhwng**
rhynnu *to freeze* rhynnaf;
rhynnais; rhynasom
rhyw *some* Mae'n dod o flaen enw
ac yn achosi Treiglad Meddal:
rhyw ddydd.
rhywiog *proper* rhywioced;
rhywiocach; rhywiocaf
rhywun *hwn* (rhywrai) *someone*

S

-s Mae'n cael ei defnyddio fel 3ydd
person (unigol a lluosog) yn *nis,
nas, onis, pes* ***him, her, it,
them***: *nis clywais*; *onis caf*, *pes
gwelswn (Had I seen him).*
Sab(b)ath : **Saboth** *hwn*
(Sabathau : Sabothau) *Sabbath*
sacsoffon *hwn* (sacsoffonau)
saxophone
sachaid *hon* (sacheidiau) *sackful*

sachlïain *hwn* *sackcloth*
Sadwrn *hwn* (Sadyrnau) *Saturday*
saer *hwn* (seiri) *carpenter*
saernïaeth *hon* *workmanship*
saernïo *to construct* saernïaf;
saernii; saerniir; saernïais
Saeson gw. **Sais**
saethydd *hwn* (saethyddion)
archer
saf o **sefyll**

safanna *hwn* (safannau) ***savannah***
safle *hwn* neu *hon* (safleoedd) ***site***
saff *safe* saffed; saffach; saffaf
sangu : sengi *to tread* sangaf;
　sang ef/hi; sengir; sengais;
　sangasom
saib : seibiant *hwn* (seibiau :
　seibiannau) ***pause***
saif o **sefyll**
saig *hon* (seigiau) ***dish***
sail *hon* (seiliau) ***foundation***
saim *hwn* (seimiau) ***grease***
sain *hon* (seiniau) ***sound***
saint gw. **sant**
Sais *hwn* (Saeson) ***Englishman***
saith *seven* Mae rhai geiriau yn
　dal i dreiglo'n feddal ar ôl 'saith':
　saith geiniog; *saith bunt*; *saith
　dref*; ond mae'r ffurf heb ei
　threiglo yr un mor dderbyniol, ac
　y mae 'blwydd', 'blynedd' a
　'diwrnod' yn treiglo'n drwynol:
　saith mlynedd.
sâl *ill* saled; salach; salaf
salm-dôn *hon* (salmdonau) ***chant***
salw *ugly* salwed; salwach; salwaf
salŵn *hwn* ***saloon***
sanau gw. **hosan**
sanctaidd *sacred* sancteiddied;
　sancteiddiach; sancteiddiaf
sant *hwn* (saint : seintiau) ***saint***
sarff *hon* (seirff) ***serpent***
sarhau *to insult* sarhaf; sarhânt;
　sarheir; sarhâi; sarheais;
　sarhasom
sarnu *to spill* sarnaf; sernir;
　sernais; sarnasom
sarrug *surly*
sasiwn *hwn* neu *hon* (sasiynau)
　*cyfarfod chwarterol y
　Presbyteriaid*

sathru *to trample* sathraf; sethrir;
　sethrais; sathrasom
sawdl *hwn* neu *hon* (sodlau) ***heel***
sawru *to smell* sawr ef/hi
sbaner *hwn* (sbaneri) ***spanner***
sbâr *spare* sbarion
sbectrwm *hwn* (sbectra)
　spectrum
sbeis *hwn* (sbeisys) ***spice***
sbôr *hwn* (sborau) ***spore***
sbrigyn *hwn* (sbrigynnau) ***sprig***
sbwng : ysbwng *hwn* (sbyngau)
　sponge
sbŵl *hwn* (sbwliau) ***spool***
sbyngau gw. **sbwng**
sebra *hwn* (sebraod) ***zebra***
sech ffurf fenywaidd **sych**
sefydlog *settled* sefydloced;
　sefydlocach; sefydlocaf
sefyll *to stand* safaf; saif ef/hi;
　sefir; sefais; safasom; safon ni
sefyllfa *hon* (sefyllfaoedd)
　situation
segur *unemployed* segured;
　segurach; seguraf
sengi gw. **sangu : sengi**
seiat *hon* (seiadau) *cyfarfod
　crefyddol*
seibiannau : seibiau gw. **saib :
　seibiant**
seigiau gw. **saig**
seiliau gw. **sail**
seiloffon *hwn* (seiloffonau)
　xylophone
seimiau gw. **saim**
seinglawr *hwn* (seingloriau)
　keyboard
seiniau gw. **sain**
seintiau gw. **sant**
seintwar *hon* ***sanctuary***
seirff gw. **sarff**

seiri gw. **saer**

Seisnig *English* Seisniced;
  Seisnicach; Seisnicaf

seithug *wasted*

sêl[1] *hon zeal*

sêl[2] *hon seal*

sêl[3] *hon sale*

selog *zealous* seloced; selocach;
  selocaf; selogion

selsigen *hon* (selsig) *sausage*

seml ffurf fenywaidd **syml** *iaith*
  seml

sen *hon* (sennau) *reproof*

sêr gw. **seren**

sêr-ddewin *hwn* (sêr-ddewiniaid)
  astrologer

sêr-ddewiniaeth *hon astrology*

seremoni *hon* (seremonïau)
  ceremony

seren *hon* (sêr) *star*

serenâd *hwn serenade*

serennog : serog *starry*

serennu *to twinkle* serennaf;
  serennais; serenasom

serth *steep* serthed; serthach;
  serthaf

sesiwn *hwn* (sesiynau) *session*

sêt *hon* (seti) *seat*

setin *hwn* (setinoedd) *hedge*

seth ffurf fenywaidd **syth**

sewin : siwin *hwn sea-trout*

sffêr *hon* (sfferau)

sgadenyn *hwn* (sgadan) *herring*

Sgandinafiad *hwn* (Sgandinafiaid)
  Scandinavian

sgarmesydd *hwn*
  (sgarmesyddion) *fighter (plane)*

sgerbwd *hwn* (sgerbydau)
  skeleton

sgìl *hwn* (sgiliau) *skill*

sgil *(on the) back (of)*

sgio *to ski* dim (ï)

sgiw[1] *hon* (sgiwion) *settle*

sgiw[2] *askew*

sglodyn *hwn* (sglodion) *chip*

sgolor *hwn* (sgolorion)
  schoolchild

sgôr[1] *hwn score (games)*

sgôr[2] *hon* (sgorau) *score (music)*

sgowt *hwn* (sgowtiaid) *scout*

sgrech *hon* (sgrechiadau) *scream*

sgrin *hon* (sgriniau) *screen*

sguthan *hon* (sguthanod) *wood*
  pigeon

sgwâr *hwn* neu *hon* (sgwariau)
  square

sgwaryn *hwn* (sgwarynnau)
  square

sgwd *hwn* (sgydau) *cascade*

sgwïer *hwn* (sgwieriaid) *squire*

sgwrs *hon* (sgyrsiau)
  conversation

sgwter *hwn* (sgwteri) *scooter*

sgydau gw. **sgwd**

sgyrsiau gw. **sgwrs**

si : su *hwn* (sïon : suon) *buzz*;
  whisper

siaced *hon* (siacedi) *jacket*

siachmat *hwn checkmate*

siampŵ *hwn* (siampŵau)
  shampoo

siâp *hwn* (siapau : siapiau)

siâr *hon* (siariau) *share*

siarad *to speak* siaradaf; sieryd
  ef/hi; siaredir; siaredais;
  siaradasom; siaradon ni

siarc *hwn* (siarcod) *shark*

siarp *sharp* siarped; siarpach;
  siarpaf

sibrwd[1] *to whisper* sibrydaf;
  sibrwd ef/hi

sibrwd[2] *hwn* (sibrydion) *whisper*

sicr *sure* sicred; sicrach; sicraf
sicrhau *to ensure* sicrhaf;
  sicrhânt; sicrheir; sicrhâi;
  sicrheais; sicrhasom; sicrhaon ni
sièd *hon* (siediau) *shed*
sieri *hwn* (sierïau) *sherry*
sieryd o **siarad**
siffrwd *to rustle* siffrydaf; siffrwd
  ef/hi
sigâr *hon* (sigarau) *cigar*
sigarét *hon* (sigaretau) *cigarette*
siglen *hon* (siglenni : siglennydd)
  swamp
silff *hon* (silffoedd) *shelf*
silidón *hwn* *minnow*
sillafu *to spell* sillafaf; sillefir;
  sillefais; sillafasom; sillafon ni
simdde : simnai *hon* (simneiau)
  chimney
simpansî gw. **tsimpansî**
simsanu *to totter* simsanaf;
  simsenir; simsenais; simsanon ni
sinc gw. **zinc**
sinema *hon* (sinemâu) *cinema*
sinws *hwn* (sinysau) *sinus*
sïo *to hum* sïaf; sii; siir; sïais;
  sïasom
siôl *hon* (siolau) *shawl*
Siôn Corn *Santa Claus*
sipsi *hwn* (sipsiwn) *gypsy*
sir *hon* (siroedd) *county*
siriol *pleasant* sirioled; siriolach;
  siriolaf
sirydd : siryf *hwn* (siryddion :
  siryfion) *high sheriff*
sisial *to whisper* sisial ef/hi
siswrn *hwn* (sisyrnau) *scissors*
siwmper *hon* (siwmperi) *jumper*
siwr : siŵr *sure*
siwrnai *hon* (siwrneiau : siwrneion)
  journey

slei *sly* sleied; sleiach; sleiaf
sleisen *hon* (sleisys) *slice*
slŵp *hwn* (slwpiau) *sloop*
smotyn *hwn* (smotiau) *spot*
sobr *serious* sobred; sobrach;
  sobraf
sodlau gw. **sawdl**
soddgrwth *hwn* (soddgrythau)
  cello
sofliar *hon* (soflieir) *quail*
soflyn *hwn* (sofl) *stubble*
sofren *hon* (sofrenni) *sovereign*
sol-ffa *hwn* **sol-fa**
solffaeo *to sing sol-fa* solffeaf
sôn *to mention* soniaf; sonnir
sonata *hon* (sonatâu) *sonata*
sonn(i) o **sôn**
sorri *to sulk* sorraf; syrr ef/hi;
  sorrir; sorrais; sorasom
sorth ffurf fenywaidd **swrth**
sosban *hon* (sosbannau :
  sosbenni) *saucepan*
sosej *hon* (sosejys) *sausage*
soser *hon* (soseri) *saucer*
sosialydd *hwn* (sosialwyr)
  socialist
St *sant St*
stadiwm *hon* (stadia) *stadium*
stâl *hon* (stalau) *stall*
stethosgôp *hwn* *stethoscope*
stiff *stiff* stiffed; stiffach; stiffaf
stigma *hwn* (stigmata) *stigma*
stiward *hwn* (stiwardiaid) *steward*
stôl *hon* (stolion) *stool; chair*
stôn *hon* (stonau) *stone (weight)*
stôr *hwn* (storau) *store*
stori *hon* (storïau : storiâu :
  straeon) *story*
storïwr *hwn* (storïwyr) *story-teller*
storm *hon* (stormydd) *storm*
straeon gw. **stori**

strapen *hon* (strapiau) *strap*

strim-stram-strellach *helter-skelter*

strôc *hon* (strociau) *seizure*

stryd *hon* (strydoedd) *street*

stwffwl *hwn* (styffylau) *staple*

stŵr *rumpus*

styden *hon* (stydiau) *stud*

su gw. **si**

sudd *hwn* (suddion) *juice*

sur *sour* sured; surach; suraf; surion

sut *how; what sort* Mae'n achosi Treiglad Meddal mewn enwau sy'n ei ddilyn: *Sut ddiwrnod gest ti?*

sw *hwn* (sŵau) *zoo*

swch *hon* (sychau) *ploughshare*

sweden *hon* (swêds) *swede*

swits *hwn* (switsys) *switch*

swllt *hwn* (sylltau) *shilling*

swm *hwn* (symiau) *sum*

swmbwl *hwn* (symbylau) *goad*

sŵn *hwn* (synau) *noise*

swnio *to sound* swniaf; swnnir

sŵoleg *hon* *zoology*

sŵolegwr : sŵolegydd *hwn* (sŵolegwyr) *zoologist*

swp *hwn* (sypiau) *pile*

swrth *sullen* sorth

sws *hwn* (swsys) *kiss*

swydd *hon* (swyddi) *job*

swyddfa *hon* (swyddfeydd) *office*

swyddog *hwn* (swyddogion) *officer*

swyn *hwn* (swynion) *charm*

swyngyfaredd *hon* (swyngyfareddion) *enchantment*

syber *gracious* sybered; syberach; syberaf

sycamorwydden *hon* (sycamorwydd) *sycamore*

sych *dry* sech; syched; sychach; sychaf; sychion

sychau gw. **swch**

sychu *to dry* sych ef/hi

syfïen *hon* (syfi) *strawberry*

syflyd *to flinch* syfl ef/hi

sylfaen *hwn* neu *hon* (sylfeini) *foundation*

sylw *hwn* (sylwadau) *observation*

sylwebydd *hwn* (sylwebyddion) *commentator*

sylwedydd *hwn* (sylwedyddion) *observer*

sylltau gw. **swllt**

symbylau gw. **swmbwl**

symffoni *hwn* neu *hon* (symffonïau) *symphony*

syml *simple* seml; symled; symlach; symlaf

syn *amazed* synned; synnach; synnaf

synau gw. **sŵn**

synhwyrau gw. **synnwyr**

synied : synio *to imagine* syniaf; synnir

synned; synnach; synnaf gw. **syn**

synnu *to be surprised* synnaf; synnir; synnais; synasom; synnon ni

synnwyr *hwn* (synhwyrau) *sense*

sypiau gw. **swp**

sypyn *hwn* (sypynnau) *heap*

syrr o **sorri**

syth *straight* seth; sythed; sythach; sythaf

T

t. *tudalen* **p.**

tabŵ *hwn* **taboo**

tabwrdd *hwn* (tabyrddau) **tabor**

taclus *tidy* taclused; taclusach; taclusaf

tad-cu *hwn* **grandfather**

tad-maeth *hwn* (tadau maeth) **foster-father**

tad-yng-nghyfraith *hwn* **father-in-law**

taer *earnest* taered; taerach; taeraf

taflegryn *hwn* (taflegrau) **missile**

taflen *hon* (taflenni) **leaflet**

taflennu *to tabulate* taflennaf; taflennais; taflenasom

taflod *hon* (taflodydd) **loft**

taflu *to throw* taflaf; teifl ef/hi; teflir; teflais; taflasom; taflon ni

taflunydd *hwn* (taflunyddion) **projector**

tafodiaith *hon* (tafodieithoedd) **dialect**

tafolen *hon* (tafol) **dock (plant)**

tagfa *hon* (tagfeydd) **blockage**

tai gw. **tŷ**

taid *hwn* (teidiau) **grandfather**

tair *three* Nid yw 'tair' yn treiglo ar ôl 'y' ac nid yw'n achosi treiglad mewn enw: *y tair gwraig*; ond mae ansoddair yn treiglo'n feddal: *tair dew*.

taith *hon* (teithiau) **journey**

tal *tall* taled; talach; talaf

tâl¹ : **taliad** *hwn* (taliadau) **fee**

tâl² o **talu**

talaith *hon* (taleithiau) **state**

talar *hon* rhimyn o dir heb ei aredig lle y gellir troi cyn mynd at y gŵys nesaf.

talcen *hwn* (talcenni : talcennau) **forehead**

talch *hwn* (teilchion) **smithereen**

talfyrru *to abbreviate* talfyrraf; talfyrrais; talfyrasom

talgrynnu *to round off* talgrynnaf; talgrynnais; talgrynasom

talïaidd *noble*

talog *lively*

talu *to pay* talaf; tâl ef/hi; telir; telais; talasom

talwrn *hwn* (talyrnau) **cockpit**

tamaid *hwn* (tameidiau) **bit**

tambwrîn *hwn* (tambwrinau) **tambourine**

tan¹ *under* tanaf fi; tanat ti; tano ef; tani hi; tanom ni; tanoch chi; tanynt hwy/tanyn nhw. Mae'n achosi Treiglad Meddal.

tan² *until* Mae'n achosi Treiglad Meddal: *tan ddeg o'r gloch.*

tân *hwn* (tanau) **fire**

tanbaid *fiery* tanbeitied; tanbeitiach; tanbeitiaf

tancer *hwn* (tanceri) **tanker**

tanchwa *hon* (tanchwaoedd) **explosion**

tanio *to ignite* taniaf; tannir

tanllwyth *hwn* (tanllwythi) **blazing fire**

tannau gw. **tant**

tannin *hwn* **tannin**

tannu *to spread* tannaf; tannais; tanasom

tan(odd) gw. **tan**

tant *hwn* (tannau) **string**

tap¹ *hwn* (tapiau) **tap (water)**

tap² *hwn* (tapiadau) **tap (touch)**

tâp *hwn* (tapiau) **tape**

taradr *hwn* (terydr) *auger*

tarddiant *hwn* (tarddiannau) *eruption*

tarddu *to derive from* tardd ef/hi

tarfu *to interrupt* tarfaf; teirf ef/hi; terfir; terfais; tarfasom

taro *to hit* trawaf; tery ef/hi; trewir; trewais; trawsom

tarten *hon* (tartennau : tartenni) *tart*

tarw *hwn* (teirw) *bull*

tas *hon* (teisi) *haystack*

taten *hon* (tatws : tato : tatw) *potato*

tau o tewi

taw[1] *hwn silence*

taw[2] o tewi

taw[3] *that it is*

TAW *Treth ar Werth VAT*

taw(af) o tewi

tawdd[1] *molten* toddion

tawdd[2] o *toddi*

tawel *quiet* taweled; tawelach; tawelaf

tebyg *similar* tebyced; tebycach; tebycaf

tecáu *to get finer* tecâf; tecâ; tecânt; teceir; tecâi ef/hi; teceais; tecasom

teced; tecach; tecaf gw. **teg**

teclyn *hwn* (taclau) *tool*

tefl(ais) o taflu

teg *fair* teced; tecach; tecaf

teidiau gw. **taid**

teifl o taflu

teigr *hwn* (teigrod) *tiger*

teilchion gw. **talch**

teiliwr *hwn* (teilwriaid) *tailor*

teilwng *worthy* teilynged; teilyngach; teilyngaf

teimlydd *hwn* (teimlyddion) *antenna*

teirf o tarfu

teirw gw. **tarw**

teisen *hon* (teisennau) *cake*

teisi gw. **tas**

teithi *hyn characteristics*

teithiau gw. **taith**

tel(ais) o talu

teleffon : teliffon *hwn* (teleffonau : teliffonau) *telephone*

telor *hwn* (teloriaid) *warbler*

telpyn *hwn* (talpau) *lump*

telyneg *hon* (telynegion) *lyric*

telynor *hwn* (telynorion) *harpist*

tempo *hwn* (tempi) *tempo*

temtasiwn *hwn* neu *hon* (temtasiynau)

ten ffurf fenywaidd **tyn**

tenant *hwn* (tenantiaid) *tenant*

tenau *thin* teneued; teneuach; teneuaf; teneuon

tenewyn *hwn* (tenewynnau) *flank*

tennis *hwn tennis*

tennyn *hwn* (tenynnau) *tether*

tenor *hwn* (tenoriaid) *tenor*

têr *clear* mêl têr

terf(ais) o tarfu

terfysg *hwn* (terfysgoedd) *tumult*

tery o taro

terydr o taradr

tes *hwn heat*

teulu *hwn* (teuluoedd) *family*

tew *fat* tewed; tewach; tewaf; tewion

tewhau *to fatten* tewhaf; tewhânt; tewheir; tewhâi; tewheais

teyrnas *hon* (teyrnasoedd) *kingdom*

teyrnasu *to reign* teyrnesir

teyrngar *loyal* teyrngared;
teyrngarach; teyrngaraf

teyrnwialen *hon* (teyrnwiail)
sceptre

TGAU *Tystysgrif Gyffredinol Addysg Uwchradd GCSE*

ticed *hwn* (ticedi) *ticket*

tîm *hwn* (timau : timoedd) *team*

tincer *hwn* (tinceriaid) *tinker*

tindroi *to dawdle* tindrof; tindrônt;
tindrôi ef/hi; tindrois;
tindroesom; tindrôm

tir *hwn* (tiroedd) *land*

tirf *verdant*

tirfeddiannwr *hwn* (tirfeddianwyr)
landowner

tirion *gentle* tirioned; tirionach;
tirionaf

titw *hwn* (titŵod) *tit*

tiwba *hwn* (tiwbâu) *tuba*

tlawd *poor* tloted; tlotach; tlotaf;
tlodion

tlos *ffurf fenywaidd ar* tlws

tlws[1] *hwn* (tlysau) *jewel*

tlws[2] *pretty* tlos; tlysed; tlysach;
tlysaf

t/o *tan ofal c/o*

to *hwn* (toeau) *roof*

tocyn *hwn* (tocynnau) *ticket*

tocynnwr *hwn* (tocynwyr) *ticket collector*

toddi *to melt* tawdd ef/hi

toddiant *hwn* (toddiannau)
solution

toddydd *hwn* (toddyddion)
solvent

toddyn *hwn* (toddion) *solute*

toesen *hon* (toesenni) *doughnut*

toi *to roof* toaf; toir; tois; toes ef/hi;
toesom; tô ef/hi; tôm

tolch : tolchen *hon* (tolchau :
tolchenni) *clot*

tolchennu *to coagulate*
tolchennaf; tolchennir;
tolchennais; tolchenasom

tollborth *hwn* (tollbyrth) *toll-gate*

tollty *hwn* (tolltai) *custom-house*

tomen *hon* (tomenni : tomennydd)
dunghill

ton *hon* (tonnau) *wave*

tôn[1] *hon* (tonau) *tune*

tôn[2] *hwn* (tonau) *tone*

tonfedd *hon* (tonfeddi)
wavelength

tonnau *gw.* ton

tonni *to billow* tonnodd; tonasant

tonnog *wavy*

tor *hon* (torrau) *litter*

torcalonnus *heart-breaking*

torf *hon* (torfeydd) *crowd*

Tori *hwn* (Torïaid) *Tory*

torlan *hon* (torlannau) *(hollow) river bank*

torllwyth : torraid *hon* (litter

torrau *gw.* tor

torri *to break* torraf; tyr; torrir;
torrais; torasom

torrwr *hwn* (torwyr) *cutter*

torthen *hon* (torthenni) *clot*

tosau *gw.* tosyn

tost *ill* tosted; tostach; tostaf

tosyn *hwn* (tosau) *pimple*

tra[1] *very* Mae'n achosi Treiglad
Llaes: *tra charedig.*

tra[2] *while* Nid yw'n achosi treiglad:
tra trigai yn ei chartref. Ni cheir
'y' ar ôl 'tra'.

tra-arglwyddiaethu *to lord it*

trabŵd *soaking*

tracwisg *hon* (tracwisgoedd) *track suit*

tradwy *ymhen tri diwrnod*
traed gw. **troed**
traethawd *hwn* (traethodau)
  composition
trafferth *hwn* neu *hon* (trafferthion)
  trouble
traffordd *hon* (traffyrdd)
  motorway
traidd gw. **treiddio**
trallod *hwn* (trallodion) *tribulation*
trannoeth *the next day*
trapesiwm *hwn* (trapesiymau)
  trapezium
trapîs *hwn* *trapeze*
traphont *hon* (traphontydd)
  viaduct
trasiedi *hon* (trasiedïau) *tragedy*
traul *hon* (treuliau) *expense*; *wear*
traw[1] *ffurf ar* **draw**, e.e. *yma a*
  thraw
traw[2] *hwn* *pitch (in music)*
traw(af) o **taro**
trawsacennu *to syncopate*
  trawsacennaf; trawsacenasom
trawsblannu *to transplant*
  trawsblannaf; trawsblennir;
  trawsblennais; trawsblanasom
trech *superior* treched; trechaf
  (Does dim ffurf *'trechach'.*)
tref : tre *hon* (trefi : trefydd) *town*
treflan *hon* (treflannau) *tref fechan*
trefniad : trefniant *hwn*
  (trefniadau : trefniannau)
  arrangement
trefnydd *hwn* (trefnyddion)
  organizer
Tre-gŵyr *Gowerton*
treial *hwn* (treialon) *trial*
treiddgar *penetrating* treiddgared;
  treiddgarach; treiddgaraf
treisiad *hon* (treisiedi) *heifer*

trên *hwn* neu *hon* (trenau) *train*
trennydd *the day after next*
treth *hon* (trethi) *tax*
trew(ir) o **taro**
tri *three* Mae enwau'n treiglo'n
  llaes: *tri chi.*
triban *hwn* (tribannau) *mesur*
  barddonol
tribiwnlys *hwn* (tribiwnlysoedd)
  tribunal
trigain *sixty* Mae 'blwydd',
  'blynedd' a 'diwrnod' yn treiglo'n
  drwynol ar ei ôl: *trigain niwrnod.*
trigfa : trigfan *hon* (trigfeydd :
  trigfannau) *dwelling*
trin *to treat* triniaf; trinnir
tringar *tender*
tripled *hwn* (tripledi) *triplet*
trist *sad* tristed; tristach; tristaf
tristáu *to sadden* tristâf; tristâ;
  tristânt; tristeir; tristâi ef/hi;
  tristeais; tristasom
tro *hwn* (troeon) *turn*
trobwll *hwn* (trobyllau) *whirlpool*
trochfa *hon* (trochfeydd)
  (a) soaking
troed *hwn* neu *hon* (traed) *foot*
troedfedd *hon* (troedfeddi) *foot*
troëdig *turned*
tröedigaeth *hon* (tröedigaethau)
  conversion
troednodyn *hwn* (troednodiadau)
  footnote
troes o **troi**
trofa *hon* (trofâu : trofeydd) **bend**
trofan *hon* (trofannau) *tropic*
trofannol *tropical*
trofeydd gw. **tro**
trofwrdd *hwn* (trofyrddau)
  turntable
trogen *hon* (trogod) *tick*

troi *to turn* trof; try ef/hi; trônt; trôi/troai ef/hi; trois; troes ef/hi; trôm

troli *hwn* neu *hon* (trolïau) *trolley*

trom ffurf fenywaidd **trwm** *cath fawr drom*

trombôn *hwn* (trombonau) *trombone*

trôns *hwn* (tronsiau) *pants*

trônt o **troi**

tros : dros *over* trosof fi; trosot ti; trosto ef; trosti hi; trosom ni; trosoch chi; trostynt hwy (trostyn nhw) Mae'n achosi Treiglad Meddal: *dros Gymru 'ngwlad.*

trosglwyddydd *hwn* (trosglwyddyddion) *transmitter*

trosol *hwn* (trosolion) *lever*

truan *hwn* (trueiniaid) *wretch*

trugarhau *to have mercy* trugarhaf; trugarhânt; trugarheir; trugarheais; trugarhasom

trugarog *merciful* trugaroced; trugarocach; trugarocaf; trugarogion

trulliad *hwn* (trulliaid) *butler*

trwbadŵr *hwn* (trwbadwriaid) *troubadour*

trwch *hwn* (trychion) *thickness*

trwm *heavy* trom; trymed; trymach; trymaf; trymion

trwmped *hwn* (trwmpedi) *trumpet*

trwnc *hwn* (trynciau) *trunk*

trw(of) gw. **trwy**

trwser *hwn* (trwseri) *trousers*

trwsgl *clumsy* trwsgled; trwsglach; trwsglaf

trwst *hwn* (trystau) *uproar*

trwy : drwy *through* trwof fi; trwot ti; trwyddo ef; trwyddi hi; trwom ni; trwoch chi; trwyddynt hwy

Mae'n achosi Treiglad Meddal: *trwy ddŵr a thân.*

try o **troi**

trychfil : trychfilyn *hwn* (trychfilod) *insect*

trychion gw. **trwch**

trydedd *ffurf fenywaidd* **trydydd** Mae'n treiglo'n feddal ar ôl 'y' ac yn achosi Treiglad Meddal: *y drydedd ferch.*

trydydd *third*

tryfer *hon* (tryferi) *trident*

trylwyr *thorough* trylwyred; trylwyrach; trylwyraf

trymed; trymach; trymaf; trymion gw. **trwm**

trymhau *to grow heavier* trymhaf; trymhânt; trymheir; trymhâi; trymheais; trymhasom

trympiau gw. **trwmp**

trynciau gw. **trwnc**

trysorfa *hon* (trysorfeydd) *treasury*

trystau gw. **trwst**

trywanu *to pierce* trywanaf; trywenir; trywenais; trywanasom

Tsiecoslofaciad *hwn* (Tsiecoslofaciaid) *Czech*

tsimpansî *hwn chimpanzee*

tua *about* Mae'n achosi Treiglad Llaes: *tua chan milltir.*

tud *hwn land; people*

tudalen *hwn* neu *hon* (tudalennau) *page*

tuedd *hon* (tueddiadau) *tendency*

tunnell *hon* (tunelli) *ton*

turtur *hon* (turturod) *turtle-dove*

tusw *hwn* (tuswâu) *posy*

twb : twba : twbyn *hwn* (tybau : tybiau) *tub*

twffyn *hwn* (twffiau) *tuft*

twng o **tyngu**

twlc *hwn* (tylcau : tylciau) *pigsty*

twll *hwn* (tyllau) *hole*

twmplen *hon* (twmplenni) *dumpling*

twnnel *hwn* (twnelau : twneli) *tunnel*

twr[1] *hwn* (tyrrau) *heap*

twr[2] o **tyrru**

tŵr *hwn* (tyrau) *tower*

twrci *hwn* (twrcïod) *turkey*

twrch *hwn* (tyrchod) *boar*

twrnai *hwn* (twrneiod) *lawyer*

twrnamaint *hwn* (twrnameintiau) *tournament*

twrw : twrf *hwn* (tyrfau) *thunder*

twym *warm* twymed; twymach; twymaf

twyn *hwn* (twyni) *dune*

tŷ *hwn* (tai) *house*

tybied : tybio *to suppose* tyb ef/hi

tydy *isn't (it)*

tyddyn *hwn* (tyddynnod : tyddynnau) *smallholding*

tyddynnwr *hwn* (tyddynwyr) *small-holder*

tynged *hwn* (tynghedau) *fate*

tyngedfennol *fateful*

tyngu *to swear* twng ef/hi

tylciau gw. **twlc**

tyllau gw. **twll**

tymer *hon* (tymherau) *temper*

tymestl *hon* (tymhestloedd) *tempest*

tymheredd *hwn* (tymereddau) *temperature*

tymhestloedd gw. **tymestl**

tymor *hwn* (tymhorau) *season*

tymp *hwn appointed time*

tyn *tight* (ten; tynned; tynnach; tynnaf; tynion) Mae 'tyn' yn troi'n 'dynn' wrth gael ei dreiglo.

tyndro *hwn* (tyndroeon) *wrench*

tyner *tender* tynered; tynerach; tyneraf

tynfa *hon* (tynfeydd) *(a) draw*

tynhau *to tighten* tynhaf; tynhânt; tynheir; tynheais; tynhasom

tynned; tynnach; tynnaf gw. **tynn**

tynnu *to pull*; *to draw* tynnaf; tynnais; tynasom; tynnon ni

tyr o **torri**

tyrau gw. **tŵr**

tyrchod gw. **twrch**

tyrd : tyred o **dod**

tyrfa *hon* (tyrfaoedd) *crowd*

tyrfau gw. **twrw : twrf**

tyrrau gw. **twr**

tyrru *to cluster* tyrraf; tyrrais; tyrasom

tyst (tystion) *witness* Mae cenedl 'tyst' yn dibynnu ai dyn neu ferch yw'r tyst.

tywallt *to pour* tywallt ef/hi

tywarchen *hon* (tywyrch) *clod (of turf)*

tywel *hwn* (tywelion) *towel*

tywell ffurf fenywaidd **tywyll**

tywyll *dark* tywell; tywylled; tywyllach; tywyllaf

tywyn *hwn* (tywynnau) *sand-dune*

tywynnu *to shine* tywynnaf; tywynnais; tywynasom

tywyrch gw. **tywarchen**

tywysen *hon* (tywysennau) *ear of corn*

tywysog *hwn* (tywysogion) *prince*

Th

'th *your* Mae'n achosi Treiglad Meddal: *dy gi a'th gath*; *ni'th welais.*

thema *hon* (themâu) *theme*
theori *hon* (theorïau) *theory*
therapi *hwn* (therapïau) *therapy*

U

'u *their*, *them* Mae'n achosi 'h' o flaen llafariad: *eu grawnwin a'u hafalau.*

uchaf gw. **uchel**

uchafswm *hwn* (uchafsymiau) *maximum*

uchel *high* cyfuwch; uwch; uchaf Gall 'uchel' ddod o flaen enw ac achosi Treiglad Meddal: *ucheldir.*

ucheldir *hwn* (ucheldiroedd) *highland*

uchelgais *hwn* neu *hon* (uchelgeisiau) *ambition*

uchelseinydd *hwn* (uchelseinyddion) *loudspeaker*

uchgapten *hwn* (uchgapteiniaid) *major*

UDA *Unol Daleithiau America USA*

udfil *hwn* (udfilod) *hyena*

UFA *unrhyw fater arall AOB*

ufudd *obedient* ufudded; ufuddach; ufuddaf

ufudd-dod *hwn obedience*

ufuddhau *to obey* ufuddhaf; ufuddhânt; ufuddheir; ufuddhâi; ufuddheais; ufuddhasom

ugain (ugeiniau) *twenty* Mae 'blwydd', 'blynedd' a 'diwrnod' yn treiglo'n drwynol: *ugain mlwydd oed*; 'hugain' yw ei ffurf ar ôl 'ar' mewn rhifau cyfansawdd: *un ar hugain mlwydd oed.*

UH *Ustus Heddwch JP*

un[1] *one (1)* Mae'n achosi Treiglad Meddal i enwau benywaidd (ac eithrio rhai yn dechrau â 'rh' neu 'll'); *un ferch; un llong*; felly hefyd ansoddeiriau (ond gan gynnwys 'll' a 'rh'); mae 'blynedd' a 'blwydd' yn treiglo'n drwynol mewn rhifau cyfansawdd.

un[2] *same* Pan olyga 'yn debyg i' mae'n achosi Treiglad Meddal ar ddechrau enwau gwrywaidd a benywaidd: *yr un drwyn â'i dad, yr un gerddediad a'r un lais*; pan olyga 'yr union un' dim ond enwau benywaidd sy'n treiglo (ac eithrio 'll' a 'rh'): *byw yn yr un tŷ yn yr un dref a hwylio yn yr un llong.* Un eithriad yw '*plant yr un dad a'r un fam*'.

un[3] *(a) one* Mae'n achosi Treiglad Meddal (gan gynnwys 'll' a 'rh'): *mae'r afon yn un lydan; mae'r dorth yn un rad.*

unawdydd *hwn* (unawdwyr) *soloist*

unben *hwn* (unbeniaid) *dictator*

unbennaeth *hon dictatorship*

undonog *monotonous*

unfed *first* Mae'n achosi Treiglad Meddal ar ddechrau enwau benywaidd: *yr unfed gyfrol ar ddeg.*

un-ffordd *one-way*

unig *only*; *lonely* Pan ddaw o flaen enw, ei ystyr yw 'only' ac mae'n achosi Treiglad Meddal: *unig blentyn*. Pan ddaw ar ôl enw, ei ystyr yw 'lonely': *plentyn unig*.

unigolyn *hwn* (unigolion) *individual*

union *straight*; *exact* Pan ddaw o flaen enw mae'n golygu 'exact' ac yn achosi Treiglad Meddal: *dyma'r union lun*.

unllygeidiog *blinkered*

unnos *(in) one night*

unrhyw *any* Daw o flaen enw ac achosi Treiglad Meddal: *unrhyw blentyn*.

ust *hush!*

ustus *hwn* (ustusiaid) *magistrate*

utgorn *hwn* (utgyrn) *trumpet*

uwch- *senior-* Mae'n achosi Treiglad Meddal pan ddaw o flaen gair: *uwch-ddarlithydd*.

uwch gw. **uchel**

uwchfarchnad *hon* (uwchfarchnadoedd) *supermarket*

uwch-ringyll *hwn* *sergeant-major*

W

'w¹ *his* Mae'n achosi Treiglad Meddal: *i'w dŷ ef*.

'w² *her* Mae'n achosi Treiglad Llaes: *i'w thŷ hi*.

'w³ *their* Nid yw'n achosi treiglad: *i'w tŷ nhw*; ond mae'n achosi 'h' o flaen llafariad ddilynol: *i'w hathrawon*

wagen *hon* (wagenni) *wagon*

wats *hon* (watsys) *watch*

wedyn *after* Weithiau ceir y ffurf 'chwedyn' ar ôl 'na' neu 'a': *na chynt na chwedyn*.

wiced *hon* (wicedi) *wicket*

wrth *by* wrthyf fi; wrthych chi; wrtho ef; wrthi hi; wrthym ni; wrthych chi; wrthynt hwy (wrthyn nhw) Mae'n achosi Treiglad Meddal: *wrth ddychwel tuag adref*.

wybren *hon* (wybrennau) *sky*

yr wyddor gw. **gwyddor**

wyf o **bod**

wylo *to weep* ŵyl ef/hi

ŵyn gw. **oen**

wyneb-ddalen *hon* *title-page*

wynionyn : wynwynyn *hwn* (wynionod : wynwyn) *onion*

ŵyr *hwn* (wyrion) *grandchild*

wystrysen *hon* (wystrys) *oyster*

wyth *eight* Mae 'blwydd', 'blynedd' a 'diwrnod' yn treiglo'n drwynol: *wyth niwrnod*; gall 'cant', 'ceiniog', 'punt' a 'pwys' dreiglo'n feddal ond nid yw'n arferol bellach.

wythnos *hon* (wythnosau) 'wythnos diwethaf' yw'r ffurf gywir

wythnosolyn *hwn* (wythnosolion) *weekly*

Y

y : yr : 'r *the* Mae enw benywaidd
yn treiglo'n feddal ar ôl 'y' (ac
eithrio 'll' a 'rh'): *y ferch*; *y llong y
rhaw*; y mae ansoddair sy'n
cyfeirio at enw benywaidd ar ôl
'y' yn treiglo (gan gynnwys 'll' a
'rh'): *y lonnaf o ferched*.

ych¹ *hwn* (ychen) *ox* Mae'n odli â
'sych'.

ych² *ugh!* fel yn 'sychu'

ychydig *few* Gall ymddangos o
flaen enw ac achosi Treiglad
Meddal: *ychydig fwyd sy'n
weddill*.

ŷd *hwn* (ydau) *corn*

ydfran *hon* (ydfrain) *rook*

ydlan *hon* (ydlannau) *rickyard*

yd(w) : yd(wyf) o *bod*

yfed *to drink* yf ef/hi

yng gw. **yn**

yngan : ynganu *to utter* ynganaf;
yngan ef/hi; yngenir; yngenais;
ynganasom; ynganon ni

ynghynn *alight*

ynglŷn â *concerning*

YH Ynad Heddwch *JP*

ym gw. **yn**

ŷm ffurf ar **ydym**

ymadael *to leave* ymadawaf;
ymedy ef/hi; ymadewir;
ymadewais; ymadawsom

ymadrodd *hwn* (ymadroddion)
phrase

ymafael : ymaflyd *to seize*
ymaflaf; ymeifl; ymeflir; ymeflais;
ymaflasom

ymagor *to yawn* ymegyr ef/hi

ymarfer *hwn* neu *hon* (ymarferion)
practice

ymatal *to refrain* ymataliaf;
ymatelir; ymateliais;
ymataliasom

ymateb *to respond* ymetyb ef/hi

ymbalfalu *to grope* ymbalfalaf;
ymbalfelir; ymbalfelais

ymbarél *hwn* **umbrella**

ymbil : ymbilio *to plead* ymbil
ef/hi

ymdaith *hon* (ymdeithiau) *journey*

ymdoddi *to melt* ymdawdd ef/hi

ymdrech *hon* (ymdrechion) *effort*

ymdrin *to deal* ymdriniaf;
ymdrinnir

ymddangos *to appear*
ymddengys ef/hi

ymddatod *to become undone*
ymddetyd ef/hi

ymddihatru *to undress*
ymddihatraf; ymddihetrir;
ymddihetrais; ymddihatrasom;
ymddihatron ni

ymddiried *to trust* ymddiried ef/hi

ymedy o **ymadael**

ymefl(ir) o **ymaflyd**

ymennydd *hwn* (ymenyddiau)
brain

ymerodraeth *hon*
(ymerodraethau) *empire*

ymerodron gw. **ymherodr**

ymestyn *to stretch* ymestynnaf;
ymestyn ef/hi; ymestynasom

ymesyd o **ymosod**

ymetyb o **ymateb**

ymfalchïo *to take pride*
ymfalchïaf; ymfalchii; ymfalchiir;
ymfalchïais; ymfalchïasom

ymgeisydd *hwn* (ymgeiswyr)
applicant

ymgom *hwn* neu *hon* (ymgomion) *conversation*

ymgynghorydd *hwn* (ymgynghorwyr) *adviser*

ymgymryd *to undertake* ymgymeraf

ymgynnull *to assemble*

ymherodr *hwn* (ymerodron) *emperor*

ymhŵedd *to implore*

ymladd *to fight* ymladdaf; ymleddir; ymleddais; ymladdasom

ymlâdd *to grow tired*

ymlaen *onward* yn fy mlaen; yn dy flaen etc.

ymlusgiad *hwn* (ymlusgiaid) *reptile*

ymofyn *to seek* ymofynnaf; ymofynasom

ymolchi *to wash oneself* ymolch ef/hi

ymollwng *to let oneself go* ymollyngaf; ymollwng ef/hi

ymosod *to attack* ymesyd ef/hi

ymostwng *to submit* ymostyngaf; ymostwng ef/hi

ymrafael *hwn* (ymrafaelion) *strife*

ymweld *to visit* ymwêl ef/hi

ymwelydd (ymwelwyr) Mae cenedl yr enw yn dibynnu ai merch neu fachgen yw'r ymwelydd.

ymyl *hwn* neu *hon* (ymylon) *edge*

ymyrraeth *hon* *interference*

ymyrryd *to intervene* ymyrraf; ymyrasom; ymyrron ni

yn[1] : **yng** : **ym** *in* ynof fi; ynot ti; ynddo ef; ynddi hi; ynom ni; ynoch chi; ynddynt hwy (ynddyn nhw) Mae'n achosi Treiglad Trwynol: *yn Nhregaron*; *yng*

Nghaerdydd; *ym Mhentraeth*; nid yw'r 'yn' yma yn talfyrru i ''n'.

yn[2] O flaen enw neu ansoddair, mae'n achosi Treiglad Meddal (ac eithrio 'll' a 'rh'): *yn wraig*; *yn dda*; *yn rhad*.

yn[2] O flaen berfenw, nid yw'n achosi treiglad: *yn cysgu*; *yn troi*.

ynad *hwn* (ynadon) *magistrate*

ynfyd *idiotic* ynfyted; ynfytach; ynfytaf

ynfytyn *hwn* (ynfydion) *simpleton*

ynn gw. onnen

ynni *hwn* *energy*

yn(of) gw. **yn**

ynys *hon* (ynysoedd) *island*

ynysfor *hwn* (ynysforoedd) *archipelago*

ynysydd *hwn* (ynysyddion) *insulator*

yrr ffurf wedi'i threiglo o **gyr**[1] a **gyr**[2]

ys *as* ys dywed George ys gwn i *I wonder*

ysbaid *hwn* neu *hon* (ysbeidiau) *respite*

ysbail *hon* (ysbeiliau) *booty*

ysbïo *to spy* ysbïaf; ysbii; ysbiir; ysbïais; ysbïasom

ysbïwr *hwn* (ysbïwyr) *spy*

ysblennydd *resplendent*

ysbryd *hwn* (ysbrydion) *spirit*

ysbyty *hwn* (ysbytai) *hospital*

ysfa *hon* (ysfeydd) *craving*

ysgafala *careless*

ysgafn *light* ysgafned; ysgafnach; ysgafnaf; ysgeifn

ysgafnhau *to lighten* ysgafnhaf; ysgafnhânt; ysgafnheir; ysgafnhâi; ysgafnheais; ysgafnhasom

ysgaldanu *to scald* ysgaldenir

ysgallen *hon* (ysgall) *thistle*
ysgarthu *to excrete* ysgerthir
ysgawen *hon* (ysgaw) *elder*
ysgeifn gw. **ysgafn**
ysgeler *villainous*
ysgellyn *hwn* (ysgall) *thistle*
ysgerbwd *hwn* (sgerbydau)
 skeleton
ysgithr *hwn* (ysgithrau :
 ysgithredd) *tusk*
ysgol *hon* (ysgolion) *school*;
 ladder
ysgolfeistr *hwn* (ysgolfeistri)
 schoolmaster
ysgolhaig *hwn* (ysgolheigion)
 intellectual
ysgrafell *hon* (ysgrafellod)
 scraper
ysgraffinio *to scrape* ysgraffiniaf;
 ysgraffinnir
ysgrifennu *to write* ysgrifennaf;
 ysgrifennais; ysgrifenasom
ysgrifennwr *hwn* (ysgrifenwyr)
 writer
ysgrifennydd *hwn*
 (ysgrifenyddion) *secretary*
ysgrîn *hon* (ysgriniau) *screen*

ysgutor *hwn* (ysgutorion)
 executor
ysgwâr *hwn* neu *hon* (sgwariau)
 square
ysgwyd *to shake* ysgydwaf;
 ysgwyd ef/hi
ysgyfant *hwn* (ysgyfaint) *lungs*
ysgyfarnog *hon* (ysgyfarnogod)
 hare
ysmygu *to smoke*
ystafell *hon* (ystafelloedd) *room*
ystlum : slumyn *hwn* (ystlumod)
 bat
ystori : stori *hon* (ystorïau) *story*
ystorm *hon* (ystormydd) *storm*
Ystrad-fflur *Strata Florida*
ystwyth *flexible* ystwythed;
 ystwythach; ystwythaf
ystyfnig *stubborn* ystyfniced;
 ystyfnicach; ystyfnicaf
ystyllen : styllen *hon* (ystyllod :
 styllod) *plank*
ystyr *hwn* neu *hon* *meaning*
Ysw. *Yswain* **Esq.**
yw[1] o **bod**
ywen *hon* (yw) *yew*

Z

zinc *hwn* *zinc*